Inhaltsverzeichnis

Einleitung

Das Werk, das Sie in Händen halten, ist ein Praxisbuch. Kapitel für Kapitel werden Sie schrittweise an das vorwissenschaftliche Arbeiten herangeführt: von der grundsätzlichen Definition vorwissenschaftlichen Arbeitens über die Themenfindung, das Formulieren einer Forschungsfrage, die Literatursuche und Literaturbearbeitung bis hin zum Schreiben und Präsentieren.

Im Vordergrund aller Anleitungen, Übungen, Tipps und Beispiele steht der Nutzen für Sie als Schülerin bzw. Schüler. Die Inhalte der Kapitel sind daher immer von ihren Zielen her abgeleitet: Welches Ziel soll nach dem Lesen eines bestimmten Kapitels erreicht worden sein?

Sie sollen aber nicht nur wissen, wie Sie eine vorwissenschaftliche Arbeit konzipieren und schreiben, Sie sollen vor allem auch motiviert werden! Gleichzeitig ist das Buch als eine Art Nachschlagewerk gedacht: Wie zitiere ich richtig? Wie könnte eine Gliederung aussehen? ... Damit die Materie nicht „trocken“ bleibt, folgt auf jeden Input eine Übung oder ein Beispiel – Lernen erfolgt also über das Tun und nicht nur abstrakt über das Lesen.

Das Buch ist so aufgebaut, dass sowohl Anfängerinnen und Anfänger als auch Fortgeschrittene damit arbeiten können: Je nachdem, wie viel Vorwissen Sie mitbringen, nehmen Sie sich immer genau jenen Inhalt heraus, der zu Ihrem Wissensstand passt!

- Am Beginn jedes Kapitels finden Sie die **Lernziele** – so können Sie Ihre Fortschritte beim vorwissenschaftlichen Arbeiten selbst kontrollieren.
- Orange markiert sind die **Kerninhalte**, also die wichtigsten Eckpunkte beim Erstellen einer vorwissenschaftlichen Arbeit.
- Dazu gibt es in jedem Kapitel Zusatzinformationen, die vor allem für „Neulinge“ interessant sind: Definitionen, Erklärungen und Erläuterungen.
- Blau markiert sind die **Anleitungen** und **Übungen**: In jedem Kapitel können Sie das Gelernte auch gleich selbst anwenden!
- Dazwischen finden sich viele Beispiele und weitere Informationen.
- Am Ende jedes Kapitels finden Sie in kompakter Form das **Wichtigste** auf einen Blick.

Schritt für Schritt werden Sie sich so das nötige Wissen und die Kompetenzen aneignen, die Sie zu einer erfolgreich präsentierten Arbeit führen und Ihnen das Prädikat „Studierfähigkeit“ verleihen!

Viel Spaß!

Ihre Katharina Henz

Ziel und Umfang einer vorwissenschaftlichen Arbeit

LERNZIELE Nach dem Durcharbeiten dieses Kapitels wissen Sie,

- ... welchen Nutzen eine vorwissenschaftliche Arbeit für Sie hat. ☐
- ... was unter einer vorwissenschaftlichen Arbeit zu verstehen ist. ☐
- ... ob Sie eine produktive oder eine reproduktive Arbeit schreiben wollen. ☐
- ... wie eine vorwissenschaftliche Arbeit beurteilt werden kann. ☐
- ... welche Arbeitsschritte das Schreiben einer vorwissenschaftlichen Arbeit umfasst. ☐
- ... wie Sie die nächsten Arbeitsschritte planen. ☐

Wozu soll eine vorwissenschaftliche Arbeit geschrieben werden?

Mit dem Erstellen einer vorwissenschaftlichen Arbeit (Fachbereichs-, Diplom- oder abschließenden Arbeit) soll eine Lücke geschlossen werden, und zwar jene zwischen dem Wissen, das Sie in der Schule erwerben, und jenem Wissen, das Sie auf einer Universität oder Fachhochschule brauchen werden. Das Ziel des vorwissenschaftlichen Arbeitens ist es also, die sogenannte Studierfähigkeit der Maturantinnen und Maturanten herzustellen.

Was bedeutet Studierfähigkeit?

Studierfähigkeit heißt, sich Fähigkeiten angeeignet zu haben, die Grundbedingungen jedes Studiums sind. Natürlich werden in jedem Fach unterschiedliche Fähigkeiten unterschiedliches Gewicht haben. Zum Beispiel wird in „lernintensiven" Fächern sehr oft verlangt, vorgegebene Texte zu verstehen und systematisch wiederzugeben. In anderen Fächern liegt der Schwerpunkt wiederum darauf, eigenständig Literatur zu einem bestimmten Thema zu recherchieren und sinnvoll zusammenzufassen. Im Folgenden sind die wichtigsten Fähigkeiten, die für alle Studienfächer gelten, aufgelistet:

Was umfasst Studierfähigkeit?

- ☐ **Selbstständigkeit:** Sie können ein Thema eigenständig auswählen und bearbeiten, ohne Vorgabe durch eine Lehrerin oder einen Lehrer.
- ☐ **Realistische Erwartungen:** Sie haben eine realistische Vorstellung davon, welche Anforderungen ein Studium an Sie stellen wird.
- ☐ **Wissenschaftliche Denkweise:** Sie können definieren, was Wissenschaft bedeutet und was sie umfasst, und Sie können sie vom Alltagswissen abgrenzen.
- ☐ **Textkompetenz:** Sie haben einige wichtige wissenschaftliche Textsorten kennen gelernt und ein paar davon eingeübt.
- ☐ **Projektkompetenz:** Sie sind fähig, sich eine größere Arbeit sinnvoll einzuteilen.
- ☐ **Informationskompetenz:** Sie haben das Recherchieren wissenschaftlicher Literatur eingeübt.
- ☐ **Lesekompetenz:** Sie haben das Lesen wissenschaftlicher Texte eingeübt.
- ☐ **Konzeptkompetenz:** Sie haben eine Arbeit im Umfang von 45.000 bis 60.000 Zeichen konzipiert und sinnvoll gegliedert.
- ☐ **Schreibkompetenz:** Sie haben die Kriterien des wissenschaftlichen Schreibens eingeübt, u.a. Präzision und Argumentation.
- ☐ **Präsentations- bzw. Vermittlungskompetenz:** Sie können ein von Ihnen erarbeitetes Thema professionell präsentieren.
- ☐ **Diskursfähigkeit:** Sie können sich den Fragen der Kommission stellen und diese im Dialog beantworten.

1

Was ist unter einer vorwissenschaftlichen Arbeit zu verstehen?

„Vorwissenschaftliche Arbeit“ ist der Überbegriff über alle schriftlichen Arbeiten, die an der AHS oder BHS im Jahr der Reifeprüfung zu erstellen sind: Fachbereichs-, Diplom- oder abschließende Arbeiten fallen alle in die Kategorie „vorwissenschaftlich“.

Die vorwissenschaftliche Arbeit ist die „kleine Schwester“ der wissenschaftlichen Arbeit. Sie folgt in den Grundzügen demselben Aufbau und denselben Regeln, ist aber viel kürzer und weniger detailreich. Auch muss sie nicht in allen Dimensionen exakt den wissenschaftlichen Regeln entsprechen *(vgl. Kapitel 2)*. Die vorwissenschaftliche Arbeit weist also alle Merkmale „echter“ Wissenschaftlichkeit auf, geht aber wesentlich weniger in die Tiefe. Die vorwissenschaftliche Arbeit ist also mit einem „Gesellenstück“ vergleichbar: Sie muss vor allem zeigen, dass Sie in Grundzügen gelernt haben, was Wissenschaftlichkeit bedeutet, und dass Sie in der Lage sind, die wichtigsten Regeln von Wissenschaftlichkeit anzuwenden.

Was sind nun die wichtigsten Unterschiede zwischen einer wissenschaftlichen und einer vorwissenschaftlichen Arbeit?

Wissenschaftliche Arbeit	Vorwissenschaftliche Arbeit
Formulieren einer Forschungsfrage	
Ja	Ja, aber in viel geringerem Ausmaß
Die Forschungsfrage behandelt meist eine Forschungslücke und ist so formuliert, dass ein bestimmtes Thema ausreichend behandelt werden kann.	Die Forschungsfrage umfasst ein sehr kleines Gebiet und kann mit einfachen Mitteln beantwortet werden.
Anknüpfen an den Forschungsstand	
Ja	Ja, aber in viel geringerem Ausmaß
Es muss ein guter Überblick über den aktuellen Stand der Forschung zu einem Thema gegeben werden.	Es genügt, ein paar wissenschaftliche Texte zum Thema zu suchen, zu lesen und darzustellen.
Produzieren eines Erkenntnisgewinns	
Ja	Nein
Die Arbeit muss einen Beitrag zum aktuellen Stand der Wissenschaft in einem Fach liefern und daher auch einen gewissen Neuigkeitswert haben.	Die Arbeit muss keinen Beitrag zum aktuellen Stand der Wissenschaft liefern, sie muss daher nichts „Neues“ produzieren.
Einhalten der methodischen Vorgangsweise	
Ja	Ja, aber in viel geringerem Ausmaß
Die Forschungsfrage muss nach den gültigen Regeln (= „Gütekriterien“) der wissenschaftlichen Qualität beantwortet werden.	Die Forschung muss nachvollziehbar durchgeführt werden, die Methode muss aber nicht in allen Einzelheiten den Gütekriterien der Wissenschaft entsprechen.
Einhalten der Regeln der guten wissenschaftlichen Praxis *(vgl. Kapitel 2 und Kapitel 6)*	
Ja	Ja
Zitierregeln müssen eingehalten werden.	Zitierregeln müssen eingehalten werden.

Eine vorwissenschaftliche Arbeit soll also zeigen,

- dass Sie gelernt haben, wissenschaftlich zu denken,
- dass Sie wichtige Regeln der Wissenschaftlichkeit auch anwenden können,
- dass Sie konzeptionell denken können,
- dass Sie fähig sind, eine größere Arbeit von der ersten Idee bis zum Korrekturlesen unter Einhaltung der wichtigsten vorgegebenen Regeln zu erstellen,
- dass Sie sich gut organisieren können, um eine umfangreichere Arbeit in einem bestimmten Zeitrahmen fertig zu stellen.

Aufgabe

Was ist Ihrer Meinung nach die Definition einer vorwissenschaftlichen Arbeit?

Es gibt zwei Arten von vorwissenschaftlichen Arbeiten

In *Kapitel 2* wird beschrieben, dass Wissenschaft immer im Wechselspiel von Theorie und Forschung stattfindet. Beide Arten von Wissen sind Grundpfeiler wissenschaftlicher Erkenntnis. Im Rahmen der vorwissenschaftlichen Arbeit kann auf diese beiden Schwerpunkte eingegangen werden.

Vorwissenschaftliche Arbeit

Abb. 1: Schwerpunkt Reproduktion von Wissen

Abb. 2: Schwerpunkt Produktion von Wissen

Was heißt Reproduktion von Wissen?

Bei der reproduktiven Form der vorwissenschaftlichen Arbeit orientieren Sie sich an der theoretischen Säule der Wissenschaft. Hier geht es darum, eine Frage angepasst an den aktuellen Wissensstand eines Themas zu formulieren, genügend Literatur dazu zu recherchieren und das Gelesene gut zu argumentieren sowie plausibel darzustellen.

Diese Art des Arbeitens ist besonders geeignet für Schülerinnen und Schüler,

- die sich eingehend mit dem aktuellen Wissensstand eines Themas auseinandersetzen möchten,
- die sehr gerne viel lesen,
- die ein Thema gewählt haben, für das im Rahmen der Schule nicht genügend Möglichkeiten für eine empirische Arbeit *(vgl. Kapitel 2 und 8)* zur Verfügung stehen (z. B. spezielle Laborsituationen, geeignete technische Geräte).

Was heißt Produktion von Wissen?

Bei der produktiven Form der vorwissenschaftlichen Arbeit orientieren Sie sich an der empirischen Säule der Wissenschaft. Hier geht es darum, eine Frage zu stellen, die mithilfe einer geeigneten Forschungsmethode beantwortet werden kann.

Diese Art des Arbeitens ist besonders geeignet für Schülerinnen und Schüler,

- die wissenschaftliche Methoden kennen lernen und ausprobieren wollen *(vgl. Kapitel 8)*,
- die eher an der praktischen Seite einer Frage interessiert sind als an der theoretischen,
- die ein Thema gewählt haben, für das im Rahmen der Schule genügend Möglichkeiten für die Durchführung und Auswertung zur Verfügung stehen (z. B. Computer, Chemielabor).

Beispiele für eine vorwissenschaftliche Arbeit mit Schwerpunkt auf Reproduktion von Wissen	**Beispiele für eine vorwissenschaftliche Arbeit mit Schwerpunkt auf Produktion von Wissen**
D-Day: Darstellung der wichtigsten Ereignisse rund um die Landung der Alliierten in Europa	Wie hat das Miterleben des D-Days aus Soldatensicht das Leben eines heute 85-Jährigen beeinflusst?
Heroin und die Bedingungen, unter denen diese Droge so „erfolgreich" werden konnte	Drogenentzug und Wiedereingliederung in die Gesellschaft – was erlebten ehemalige Junkies?
Was verstehen wir unter Impressionismus?	Analyse des Impressionismus, dargestellt anhand Claude Monets Seerosen
Was bedeutet sphärische Geometrie und wie wird sie in der Astronomie angewendet?	Ermittlung von Strukturfunktionen in bereits vorhandenen Simulationsrechnungen und Vergleich mit Beobachtungsdaten
Lebens- und Reproduktionsbedingungen der griechischen Landschildkröte	Vergleich der Panzerung von freilebenden und in Gefangenschaft lebenden griechischen Landschildkröten
Die klangliche und kulturhistorische Bedeutung der Konzertharfe	Wie reagieren gestresste Schülerinnen und Schüler auf Harfenklänge?
Morbus Crohn – Definition, Entwicklung und Behandlung	Wie integriert ein Teenager die Krankheit Morbus Crohn in den Alltag?
Anabole Steroide – Definition, Entdeckung, Anwendung	Dopingpräventionsstrategien von Sportvereinen in Salzburg
Louis XIV – le Roi Soleil	Comment est Louis XIV décrit dans deux romans modernes?
Die Erfindung des Internets – Zufall oder Absicht?	Untersuchung eines Internet-Programmier-Paketes für Schülerinnen und Schüler auf seine Brauchbarkeit und Nutzbarkeit
Trauma-Therapie – Geschichte und Anwendungsfelder	Schulung und Weiterbildung eines Trauma-Teams im Bezirk Mistelbach für den Einsatzfall
Die GmbH – eine juristische Person	Von der HAK in die GmbH – Vorteile und Probleme bei der Unternehmensgründung

Brainstorming

Was spricht aus Ihrer derzeitigen Sicht für eine Arbeit mit Schwerpunkt auf Reproduktion, was für eine Arbeit mit Schwerpunkt auf Produktion von Wissen?

Reproduktiver Schwerpunkt:

____

____

Produktiver Schwerpunkt:

____

____

1

Beurteilungskriterien einer vorwissenschaftlichen Arbeit

Nach welchen Kriterien könnte nun Ihre vorwissenschaftliche Arbeit beurteilt werden? Wie Sie wissen, wird die endgültige Note erst nach der Präsentation und der Diskussion der Arbeit festgelegt. Damit die Arbeit grundsätzlich positiv gewertet werden kann, müssen folgende zwei Fragen von der Lehrperson mit Ja beantwortet werden:

- Hat die Schülerin bzw. der Schüler die Fähigkeit zum selbstständigen wissenschaftlichen Arbeiten bewiesen?
- Hat die Schülerin bzw. der Schüler „Studierfähigkeit“ erreicht?

Mit welcher Note die Arbeit beurteilt wird, hängt natürlich von weitaus mehr Faktoren ab. Folgende Kriterien können für die Beurteilung zugrunde gelegt werden:

- Wie gut wurden Sie der Aufgabe gerecht, ein von Inhalt und Umfang her angemessenes Thema zu wählen und eine intelligente Forschungsfrage dazu zu entwickeln?
  - Originalität des Themas
  - Aufwand der Arbeit
  - Qualität der Forschungsfrage
- Wie gut konnten Sie sich selbstständig und vertiefend mit dem Thema auseinandersetzen und die Ergebnisse dieser Überlegungen schlüssig und gut lesbar zu Papier bringen?
  - Literatursichtung und Literaturverwendung
  - Argumentation
  - Formulierung
  - Evtl. Qualität einer Zwischenstandspräsentation
- Schwerpunkt „Produktive Arbeit“: Wie gut waren Sie in der Lage, sich eine in der Literatur beschriebene und Ihren Fähigkeiten angemessene Methode anzueignen und selbstständig auszuführen?
- Schwerpunkt „Reproduktive Arbeit“: Wie gut waren Sie in der Lage, sich ausreichende und passende Literatur zu beschaffen und diese zu bearbeiten, um einen guten Überblick über das Thema geben zu können?
- Wie gut waren Sie in der Lage, die vorgegebenen formalen Regeln des wissenschaftlichen Arbeitens richtig anzuwenden und einzuhalten?
  - Äußere Form
  - Vollständigkeit
  - Zitation
  - Bibliografie
  - Rechtschreibung
- Wie gut waren Sie der Aufgabe gewachsen, sich ein über mehr als ein Jahr dauerndes Projekt selbstständig einzuteilen und in realistische Teilabschnitte zu zerlegen?
  - Generelles Zeitmanagement
  - Vorlegen eines Projektplans
  - Einhaltung der Meilensteine
  - Rechtzeitige Abgabe
- Wie gut waren Sie in der Lage, den Inhalt Ihrer Arbeit zusammenzufassen und die wesentlichen Eckpunkte mündlich zu präsentieren? Wie gut konnten Sie Ihre Themenwahl argumentieren? Wie professionell war Ihre Präsentation (mit schriftlichen Begleittexten wie Handout oder Flipchart)?

Zehn Arbeitsschritte auf dem Weg zur fertigen Arbeit

Welche Arbeitsschritte auf dem Weg zur fertigen Arbeit – von der ersten Idee zu einem Thema bis zur Präsentation der Arbeit – sind nun notwendig? Der folgende Überblick über zehn Arbeitsschritte bietet die Grundlage für einen realistischen Projektplan.

SCHRITT 1: Thema finden

Am Anfang Ihrer Arbeit steht das Finden eines geeigneten Themas. Genauere Anleitungen dazu bietet Ihnen das *Kapitel 4*.
Folgende Fragen können dabei behilflich sein:

- Was interessiert mich besonders aufgrund meiner persönlichen Erfahrung?
- Was interessiert mich aufgrund vertiefter Auseinandersetzung im Unterricht?
- Will ich meine Arbeit in einem Schulfach schreiben?
- Wenn nicht: Welche der in *Kapitel 2* angeführten wissenschaftlichen Disziplinen interessieren mich besonders?
- Habe ich zu einem bestimmten Thema bereits Vorerfahrungen gesammelt?
- Gibt es Personen in meinem Familien- oder Freundeskreis, die Expertinnen und Experten für ein bestimmtes Thema sind?
- Ist mein Thema zu umfangreich für mich allein? Bietet sich mein Thema als „Dachthema" für mehrere Arbeiten an? (Z. B.: „Biedermeier" könnte aus kunsthistorischer, literaturwissenschaftlicher, politischer oder historischer Perspektive beleuchtet werden.)
- Gibt es Mitschülerinnen und Mitschüler, die sich ebenfalls für dieses Thema interessieren könnten *(vgl. Kapitel 11)*?

→ Output: Themenidee

SCHRITT 2: Betreuerin bzw. Betreuer finden und Thema genehmigen lassen

Wenn Sie sich für ein Thema entschieden haben, heißt es jetzt, eine Lehrerin bzw. einen Lehrer zu finden, die bzw. der Sie bei der Erstellung Ihrer vorwissenschaftlichen Arbeit begleiten wird.
Folgende Fragen und Hinweise können dabei hilfreich sein:

- Gibt es eine Lehrperson an Ihrer Schule, von der Sie wissen, dass sie sich mit Ihrem oder einem ähnlichen Thema beschäftigt?
- Gibt es Lehrerinnen und Lehrer, die besonders oder gar nicht in Frage kommen? Machen Sie eine Liste mit Argumenten.
- Bevor Sie Ihr Orientierungsgespräch führen, überlegen Sie sich einen vorläufigen Arbeitstitel und bereiten Sie eine etwa einminütige Präsentation Ihres Themas vor.
- Machen Sie im Orientierungsgespräch „Werbung" für sich und Ihr Thema: Welche Argumente sprechen dafür, gerade Sie zu betreuen?
- Bereiten Sie Fragen vor, die Ihnen wichtig sind, z. B.: Wie stellt sich die Lehrperson die Betreuung vor?
- Ist die Lehrerin bzw. der Lehrer einverstanden, Sie zu betreuen, müssen Sie Ihr Thema nun offiziell in der Direktion einreichen und genehmigen lassen.

→ Output: Betreuungsvertrag, Themenapprobation

SCHRITT 3: Erste Literaturrecherche durchführen

Wenn Sie Ihr Thema und Ihre Betreuerin bzw. Ihren Betreuer gefunden haben, folgt eine erste grobe Literaturrecherche. (Diesen Schritt können Sie auch vorziehen oder parallel zu Schritt 2 durchführen.) Welche Bereiche wurden in letzter Zeit zu Ihrem Thema in der Wissenschaft erforscht? Gibt es dazu viel oder wenig Literatur? Welcher Wissenschaftsdisziplin wird Ihr Thema zugerechnet? Wird es eher theoretisch oder eher empirisch abgehandelt?

Folgende Fragen und Tipps können bei der Literaturrecherche hilfreich sein:

- Nutzen Sie nicht nur das Internet, sondern auch andere Quellen (Bücher, Zeitschriften ...).
- Können Sie anhand der ersten groben Literatursichtung schon wichtige Tendenzen zu Ihrem Thema feststellen?
- Kristallisiert sich ein besonderer Schwerpunkt innerhalb der Thematik heraus?
- Gibt es Autorinnen und Autoren, die überdurchschnittlich oft zitiert werden?
- Reden Sie mit möglichst vielen unterschiedlichen Personen über Ihr Thema und Ihre ersten Recherche-Ergebnisse: Was finden diese besonders interessant, was gar nicht? Was ist nicht sofort verständlich? Welche Informationen sind offenbar wichtig?
- Besorgen Sie sich ein kleines Notizbuch, in dem Sie ab jetzt alle Ideen, die Ihnen beim Lesen, Internetsurfen, Diskutieren oder Nachdenken einfallen, notieren.

→ Output: Erster Überblick über den aktuellen Forschungsstand

SCHRITT 4: Abstract verfassen und Arbeitsplan erstellen

Mit Ihrem derzeitigen Wissensstand können Sie bereits ein kleines Abstract zu Ihrem Thema verfassen. Diese etwa zehnzeilige Zusammenfassung soll sich wie eine „Ankündigung“ zu Ihrer Arbeit lesen. Genauere Anleitungen finden Sie in *Kapitel 4*.

Folgende Überlegungen sollten in jedem Fall in Ihr Abstract einfließen:

- Um welches Thema geht es?
- Wo ist dieses Thema in der Wissenschaft zu verorten?
- Welchen Entdeckungs- oder Interessenszusammenhang gibt es zu Ihrem Thema?
- Aus welchen Gründen haben Sie sich dafür entschieden?
- Was interessiert Sie daran besonders?
- Wird Ihre Arbeit den Schwerpunkt auf Produktion oder auf Reproduktion legen?
- Das Abstract hilft Ihnen, Ihre Vorstellungen mit jenen Ihrer Betreuerin bzw. Ihres Betreuers abzugleichen.
- Spätestens jetzt sollten Sie einen Arbeitsplan für die kommenden Monate erstellen.

→ Output: Fertiges, mit Ihrer Betreuerin bzw. Ihrem Betreuer abgestimmtes Abstract sowie abgestimmter Arbeitsplan

SCHRITT 5: Forschungsfrage finden

Nachdem Sie Ihr Thema schon klar umrissen haben, stellen Sie nun eine angemessene Forschungsfrage an das Thema (Näheres dazu in *Kapitel 5*). Wichtig ist, dass Sie Ihre Forschungsfrage mit Ihrer Betreuerin bzw. Ihrem Betreuer abstimmen.

→ Output: Mit Ihrer Betreuerin bzw. Ihrem Betreuer abgestimmte Forschungsfrage

SCHRITT 6: Exposee erstellen

Rund um die Forschungsfrage erstellen Sie nun ein Exposee *(vgl. Kapitel 7)*. Ein Exposee ist ein Entwurf Ihrer Arbeit, in dem Sie die wichtigsten Eckpunkte noch einmal schriftlich darstellen.

- WARUM?
  Wie bin ich auf das Thema gekommen?
  Was lässt sich kurz über den aktuellen Forschungsstand zu meinem Thema sagen?
  Wie kann ich daraus abgeleitet mein Interesse erklären?
  Welche Hypothesen habe ich bisher dazu entwickelt?
- WAS GENAU?
  Wie kann ich die Forschungsfrage bzw. die Fragestellung, die untersucht werden soll, in einzelne Teilbereiche oder Teilfragen gliedern?
- WIE?
  Wie lege ich die geplanten Arbeitsschritte dar, die im Zuge der Untersuchung der Problem- bzw. Fragestellung gesetzt werden sollen? Hier soll die methodische Vorgangsweise skizziert werden, z. B. Fragebogen, Beobachtung, Diskursanalyse, Literaturarbeit, Versuch. Diese Aufstellung kann und darf sich natürlich noch ändern.
- WELCHE DISKURSANBINDUNG?
  Wie binde ich mein Thema an bestehende Theorien und Diskurse an?
  Welchen Beitrag zu welchem wissenschaftlichen Diskurs möchte ich mit meiner Arbeit leisten?
- WELCHES ERGEBNIS?
  Was genau ist das Ziel der Untersuchung? („Ich habe herausgefunden/dargestellt ...“)
- WELCHE LITERATUR?
  Ich lege ein Verzeichnis der bislang bearbeiteten Fachliteratur an, das die wichtigsten Publikationen zur Forschungsthematik aufweisen soll.

Output: Fertiges, mit Ihrer Betreuerin bzw. Ihrem Betreuer abgestimmtes Exposee

SCHRITT 7: Sich für geeignete Methode bzw. Forschungsliteratur entscheiden sowie Forschung durchführen und auswerten

Mit der formulierten Forschungsfrage wissen Sie nun schon genau, was Sie im Rahmen Ihrer Arbeit herausfinden wollen. Jetzt können Sie sich überlegen, wie Sie Ihre Frage beantworten wollen. Mithilfe welcher Methode bzw. anhand welcher Literatur möchten Sie Ihre Antworten produzieren? Genaueres zur Methodenwahl finden Sie in *Kapitel 8*. Parallel zu Ihrem „Forschungsdesign“ recherchieren Sie auch sogenannte Methodenliteratur – das sind Bücher oder Zeitschriften, in denen Ihre Methode ausführlich beschrieben wird. Außerdem bereiten Sie Ihre Methode vor (z. B. Fragebogenerstellung oder Experimentvorbereitung) und führen sie durch.

- Dokumentieren Sie jeden Schritt.
- Zeichnen Sie alle Daten (Messdaten, Interviews, Beobachtungsnotizen etc.) auf.
- Halten Sie sich an die vorgegebene Anleitung.
- Werten Sie Ihre Forschung anschließend aus.

Output: Durchgeführte und ausgewertete Forschung

SCHRITT 8: An bestehende Theorien anbinden

Hier geht es darum, Ihre Ergebnisse in bereits bestehende Theorien einzubetten: Wie passen Ihre Ergebnisse zur Theorie Ihres Themas? Dazu müssen Sie die in Schritt 1 begonnene Literaturrecherche vielleicht ein wenig ausweiten *(vgl. Kapitel 6)*.

Output: Bearbeitete Literatur zu wichtigen Theorien und Diskursen

SCHRITT 9: Inhaltsverzeichnis erstellen

Bevor Sie endgültig zu schreiben beginnen, sichten und ordnen Sie Ihr gesamtes Material: alle Unterlagen, alle Notizen, alle Forschungsdaten, die bearbeitete Literatur, Ihr Exposee. Danach erstellen Sie ein Inhaltsverzeichnis *(vgl. Kapitel 9)*.

Output: Vorläufiges, mit Ihrer Betreuerin bzw. Ihrem Betreuer abgestimmtes Inhaltsverzeichnis

SCHRITT 10: Arbeit und Präsentation fertig stellen

Zum Schluss wird die Arbeit verfasst und in eine endgültige Form gebracht *(vgl. Kapitel 9)*. Die einzelnen Kapitel werden geschrieben und überprüft, die Seiten werden formatiert, lektoriert, ausgedruckt, gebunden und abgegeben. Nach der positiven Beurteilung Ihrer Arbeit bereiten Sie die Präsentation Ihres Themas vor *(vgl. Kapitel 10)*.

Output: Positiv beurteilte Arbeit, mündliche Präsentation

Das Wichtigste auf einen Blick

- Beim vorwissenschaftlichen Arbeiten können Sie sich jene Fähigkeiten aneignen, die Grundvoraussetzung für jedes Studium sind („Studierfähigkeit").
- Eine vorwissenschaftliche Arbeit unterscheidet sich von einer wissenschaftlichen Arbeit durch den kleineren Umfang, den geringeren Anspruch an Wissenschaftlichkeit und den Übungscharakter.
- Eine vorwissenschaftliche Arbeit kann produktiven (Forschungsarbeit) oder reproduktiven (Literaturarbeit) Charakter haben.
- Eine vorwissenschaftliche Arbeit wird nach unterschiedlichen Kriterien bewertet, im Zentrum steht allerdings die Frage, ob die Verfasserin bzw. der Verfasser „studierfähig" ist.
- Eine vorwissenschaftliche Arbeit lässt sich nicht in einem Guss produzieren, sondern bedarf vieler kleiner Arbeitsschritte. Dabei liegt das Hauptaugenmerk auf der Konzeption der Arbeit.
- Am Beginn steht eine realistische Planung.

Was ist Wissenschaft?

LERNZIELE Nach dem Durcharbeiten dieses Kapitels

- ... können Sie die Begriffe „Wissenschaft“ und „Wissenschaftlichkeit“ definieren. ☐
- ... können Sie diese Begriffe von anderen Formen der Wissensproduktion abgrenzen. ☐
- ... haben Sie einen Überblick über die Entstehungsgeschichte der Wissenschaften bekommen. ☐
- ... kennen Sie die wichtigsten Wissenschaftszweige. ☐
- ... haben Sie wichtige Denkmodelle der Wissenschaft kennen gelernt. ☐
- ... wissen Sie, nach welchen Regeln wissenschaftliche Textproduktion erfolgt. ☐
- ... kennen Sie die wichtigsten Sorten wissenschaftlicher Texte. ☐

Bevor Sie Ihre Arbeit beginnen, sollten Sie die wichtigsten Begriffe rund um das Thema Wissenschaft kennen gelernt haben. Der Unterschied zwischen den Texten, die Sie bisher in der Schule produziert haben (Schularbeiten, Aufsätze, Portfolios, Handouts etc.), und dem Text, den Sie im Verlauf der nächsten Monate erstellen werden, liegt nämlich in der Definition der Textsorte selbst, aber auch in der Definition des Kontextes, in dem sich Ihre Arbeit bewegt.

Der Unterschied zwischen Wissen und Wissenschaft

Menschen haben immer schon Wissen erzeugt: Die Erfindung des Rades, die Entdeckung des Ackerbaues, die Entwicklung der Metallbearbeitung und vieles mehr – all diese Errungenschaften konnten nur durch den Erwerb von neuem Wissen gelingen. Diese Wissensaneignung erfolgte zunächst immer aufgrund der Verknüpfung einer zufälligen Beobachtung und einem daraus gezogenen Schluss. Beobachtet eine Person, dass ein abgerundeter Stein schneller einen Abhang hinunterrollt als ein eckiger, so muss sie daraus den Schluss ziehen, dass dieses Phänomen etwas mit der Beschaffenheit des Steines zu tun hat. Also wird eine Hypothese gebildet: Je weniger Kanten ein Stein hat, desto schneller rollt er einen Abhang hinunter. Wahrscheinlich wird man nun versuchen, diese Beobachtung absichtlich zu wiederholen, um sich der Hypothese sicher zu sein, beispielsweise indem man viele abgerundete und viele eckige Steine einen Abhang hinunterkollern lässt.

Die nächste Beobachtung könnte sein, dass kugelrunde Steine noch schneller rollen als eiförmige. Vielleicht beginnt die Person daraufhin ihr Experiment zu verfeinern, bis sie sich ihrer Sache sicher ist. Möglicherweise kommt nun erneut der Zufall zuhilfe: Es wird vielleicht achtlos ein Gegenstand auf die Sammlung kugelrunder Steine gelegt, diese beginnen, sich zu bewegen, und der Gegenstand bewegt sich mit.

Wieder bildet unser Mensch eine beachtliche Hypothese: Der Transport von Gegenständen könnte erleichtert werden, wenn es gelänge, diesen Effekt nutzbar zu machen. Daraufhin beginnt er eine Theorie zu entwickeln, wie man dieses Phänomen nachbauen könnte.

In den darauffolgenden Jahren experimentiert er viel, teilt sein Wissen mit anderen und tauscht sich mit ihnen über den Fortgang der Tüftelei aus. Über mehrere Generationen werden nun immer wieder Hypothesen gebildet, Experimente durchgeführt und überprüft, Schlüsse gezogen, neue Hypothesen gebildet usw.

Nach vielen weiteren Generationen wurde die ursprüngliche Erkenntnis – runde Dinge rollen besser – um viele neue Erkenntnisse und Erfahrungen bereichert: Die Gemeinschaft hat viel dazugelernt über Reibung, Schmierung, Achsenbau, Tragfähigkeit, Zug- und Hebelkräfte, auch wenn sie für alle diese Phänomene noch keinen Namen hat.

Am Ende des Wissenserwerbs steht das erste von Menschen erfundene Maschinenelement: eine kreisrunde Scheibe mit einem Loch im Zentrum, die auf einen Stab gesteckt wird und so zu einem beweglichen Element wird[1]. Im Verlauf der nächsten Jahre werden für diese Erfindung wieder neue Anwendungen entdeckt: Töpferscheiben und Fahrzeuge werden entwickelt. Das Wissensprinzip dahinter aber bleibt immer gleich.

Abb. 3: Rad aus der Bronzezeit

Wissenschaft

Viele der Schritte, die diesem Wissenserwerb zugrunde liegen, passieren auch in der Wissenschaft: Beobachtung, Hypothesenbildung, Experiment, Theoriebildung, Wissensweitergabe. Dennoch unterscheiden wir zwischen Alltagswissen und wissenschaftlicher Erkenntnis. Der Unterschied liegt in der Regelhaftigkeit:

- In der Wissenschaft wird Wissen absichtlich und systematisch erzeugt (Forschung).
- Dieses Wissen wird absichtlich und ebenfalls systematisch weitergegeben (Lehre).
- Das so erzeugte Wissen wird systematisch dokumentiert (Veröffentlichung).

Was heißt absichtliche und systematische Wissenserzeugung?

Wissenschaft ist vor allem ein Regelsystem. Ob etwas wissenschaftlich ist oder nicht, erkennt man also nur anhand der Regeln, unter denen dieses Wissen entstanden ist. Im Folgenden finden Sie eine Liste der wichtigsten Regeln in der Wissenschaft:

- Das Ziel von Wissenschaft ist Wissensproduktion: neue Erkenntnisse, neue Theorien, neue Einsichten, neue Entwicklungen.
- Wissenschaft baut immer auf schon vorhandenen Grundlagen auf: Meist ist das bereits vorhandene wissenschaftliche Literatur, an die das neue Wissen angeknüpft wird.
- Wissenschaftlich erzeugtes Wissen wird mit bestimmten Methoden und unter bestimmten Regeln erzeugt: Dazu gehören definierte Forschungsmethoden *(vgl. Kapitel 8)*.
- Wissenschaftlich erzeugtes Wissen wird nach genauen Regeln dokumentiert (z. B. Zitierregeln).
- Wissenschaft unterscheidet deutlich zwischen Meinung und Wissen.
- Wissenschaft legt den Prozess des Forschens und Denkens offen: Die Methoden und Vorgangsweisen müssen für die Leserinnen und Leser der Dokumentation nachvollziehbar und gegebenenfalls wiederholbar sein.
- Wissenschaftliche Erkenntnisproduktion beginnt immer mit einer Fragestellung *(vgl. Kapitel 5)*.
- Wissenschaft pendelt zwischen Theorie und Empirie hin und her (s. u.).
- Wissenschaft ist kritisch und neutral, sie lässt sich nicht vereinnahmen (z. B. von politischen Systemen und deren Weltanschauung).
- Wissenschaftliche Erkenntnisse werden immer in ihrem historischen Zusammenhang betrachtet: Gilt beispielsweise eine in den 1920er Jahren aufgestellte Theorie heute noch? Oder wurde sie längst von neuen Erkenntnissen widerlegt?
- Erzeugtes und dokumentiertes Wissen kann immer einer oder mehreren Personen zugeordnet werden.

---

[1] vgl. http://de.wikipedia.org/wiki/Rad (dl 30. 4. 2010, 12:30 Uhr)

Die Wissenschaft hat mittlerweile ein eigenes Fach begründet, das sich nur mit den Definitionen, Regeln, Voraussetzungen, Methoden und Zielen von Wissenschaft beschäftigt: die Wissenschaftstheorie.

Aufgabe

Kreuzen Sie an, welche der folgenden Erkenntnisse Ihrer Meinung nach aus dem Alltagswissen stammen könnten und welche aus der Wissenschaft.

	Alltagswissen	Wissenschaft
Ist es im Jänner bitterkalt, wird der Sommer besonders schön.		
In einer Wirtschaftskrise werden die Röcke kürzer.		
Kinder von Akademikerinnen und Akademikern studieren häufiger als Kinder aus „nicht-akademischen" Familien.		
Wer gut in Mathematik ist, ist auch gut in Latein.		
Wer wenig verdient, gibt mehr Trinkgeld.		
Schöne Menschen haben es im Berufsleben leichter.		

Aufgabe

Finden Sie nun jeweils ein Beispiel für eine wissenschaftliche und eine nicht-wissenschaftliche Erkenntnis (Alltagswissen):

1. Wissenschaftliche Erkenntnis:

____

____

2. Nicht-wissenschaftliche Erkenntnis:

____

____

Was bedeuten Theorie und Empirie?

Das Wort Theorie kommt vom griechischen „theoría" und bedeutet Anschauung, Überlegung, Einsicht. Theorien sind also Überlegungen, die aufgrund von logischen Schlüssen gebildet und (noch) nicht anhand von Beispielen überprüft worden sind. Albert Einsteins Relativitätstheorie beispielsweise wurde erst viele Jahre später durch Experimente bestätigt.

Das Wort Empirie kommt ebenfalls aus dem Griechischen („empireia") und heißt so viel wie Erfahrung, Erfahrungswissen. Damit ist eine Sammlung von Informationen gemeint, die durch gezielte Beobachtungen erzeugt worden sind, z. B. Fragebögen oder Experimente. Am Beginn jeder Empirie steht also eine Vermutung („Hypothese"), wie sich Menschen, Tiere, Gegenstände oder Materialien unter bestimmten Voraussetzungen verhalten. Diese Hypothese wird überprüft und entweder bestätigt („verifiziert") oder verworfen („falsifiziert").

In der Wissenschaft wird Wissen sowohl theoretisch als auch empirisch erzeugt, und zwar in einem ständigen Wechselspiel: Jemand beobachtet etwas, experimentiert dazu, verallgemeinert die Ergebnisse zu einer Theorie, eine weitere Person prüft diese Theorie durch neue Experimente, verändert die Theorie oder bestätigt sie usw.

Die besonderen Regeln, unter denen Wissen erzeugt wird, haben sich in der Wissenschaft übrigens im Laufe der Zeit immer wieder geändert und werden sich auch in Zukunft immer wieder anpassen und verändern!

Im Rahmen Ihrer vorwissenschaftlichen Arbeit werden Sie einige dieser Regeln sehr genau einhalten, einige wiederum weniger beachten müssen *(vgl. Kapitel 1)*.

Zur Entstehung und Geschichte der Wissenschaft[1]

Antike

Wissen wurde, wie wir bereits gesehen haben, immer schon von Menschen erzeugt. Die Geburt der Wissenschaft aber wird in der griechischen Antike gesehen. Zwischen dem 6. und 4. Jahrhundert vor unserer Zeitrechnung wurden in und um Athen viele heute noch bedeutende Theorien und Erkenntnisse entwickelt, und erstmals wurde ein geordnetes Denksystem erschaffen („systematisches und absichtliches Erzeugen von Wissen").

Als Wiege der Wissenschaft gilt heute die Philosophie. Damals gab es noch keine Unterscheidung in Einzelwissenschaften, alle Anstrengungen waren immer darauf ausgerichtet, die Welt als Ganzes zu verstehen. Das, was wir heute Philosophie, Mathematik, Astronomie, Medizin oder Physik nennen, wurde in einem großen Zusammenhang gesehen: Die Griechen in der Antike wollten verstehen, wie die Welt entstanden ist und wie sie funktioniert. Auch die einzelnen Denkerinnen und Denker grenzten sich nicht nach Fachgebieten ab, sondern interessierten sich für alles, was ihrer Meinung nach zum „Weltganzen" beitrug. Wissenschaft im antiken Griechenland hatte jedoch einen Haken: Die meisten Erkenntnisse wurden durch Nachdenken produziert, nicht durch Empirie. Als Urvater der griechischen Philosophie und Wissenschaft wird heute Thales von Milet angesehen (624–546 v. u. Z.). Er war Kaufmann, Philosoph, Mathematiker, Astronom und Ingenieur in einer Person. Wichtige allgemeine Lehrsätze der Geometrie gehen auf Thales von Milet zurück, beispielsweise die Erkenntnis, dass die Winkelsumme in einem Dreieck immer gleich groß ist. Andere wichtige Namen sind Platon, Pythagoras, Aristoteles (der heute als Begründer der Biologie gilt), Hippokrates (der Begründer der Medizin) sowie Homer und Herodot (die Begründer der Geschichtsschreibung).

Abb. 4: Thales von Milet

Die Römer bauten teilweise auf dem griechischen Wissen auf und erweiterten das Spektrum um neue Ideen: Optik, Rechtswissenschaft und Philologie (Sprachwissenschaft) wurden eigene Wissensgebiete.

---

[1] vgl. Hellemans, Alexander: Fahrplan der Naturwissenschaften. München 1990; vgl. Störig, Hans-Joachim: Kleine Weltgeschichte der Wissenschaft. Frankfurt am Main 2007

Abb. 5: Universität Paris

Mittelalter

Im Mittelalter setzte der wissenschaftliche Erkenntnisprozess aus: Zwischen der Zeit der Völkerwanderung bis zum Ende des 15. Jahrhunderts wurden zwar wichtige theologische und philosophische Schriften produziert, die Naturwissenschaften aber ruhten. Aberglaube und starre gesellschaftliche Regeln verhinderten das Neue. Jedoch brachte das Mittelalter eine wichtige Neuerung hervor: die Universitäten. Gegen Ende des 12. Jahrhunderts strömten in Europa die alten griechischen Ideen über den arabischen Raum ein, und es entstanden neue Arten von Schulen (z. B. Rechtsschulen oder medizinische Schulen), die sich um 1215 in Italien erstmals zu Gemeinschaften („universitas" = Zusammenschluss) vereinigten. Überall in Europa wurden in den kommenden zwei Jahrhunderten solche Institutionen gegründet: Paris, Rom, Oxford, Cambridge u. v. m. 1365 erfolgte die Gründung der Universität Wien.

Das Erkenntnisideal dieser Zentren war jedoch nicht wissenschaftlich im heutigen Sinne: Gott und die Kirche standen immer noch im Zentrum des Interesses, die Lehrer und die Schüler beschäftigten sich also vor allem mit Fragen der Theologie und der Philosophie.

Renaissance

Das Zeitalter der modernen Wissenschaft ist deshalb erst die Renaissance. Durch den Buchdruck und die gesellschaftlichen Veränderungen dieser Zeit sowie durch den Import des alten Wissens aus dem gefallenen Konstantinopel explodierte plötzlich der Wissensdurst. Europa eignete sich die alten antiken Erkenntnisse neu an und verknüpfte sie mit neuen Ideen aus dem arabischen Raum, vor allem mit Mathematik. Der Höhepunkt dieser Zeit ist die heliozentristische Theorie von Nikolaus Kopernikus: Erstmals setzte sich hier empirisch erworbenes Wissen gegen die alten, religiösen Vorstellungen von der Welt durch. In der Renaissance entstanden wesentliche Forschungen auf dem Gebiet der Astronomie, Medizin, Biologie, Mathematik, Physik, Chemie und Technik. Einer der wichtigsten Vertreterinnen und Vertreter dieser Zeit ist Leonardo da Vinci, der zu allen genannten Gebieten wichtige Beiträge leistete. Weitere wichtige Namen sind Johannes Kepler, Galileo Galilei, Paracelsus, Erasmus von Rotterdam und Niccolò Machiavelli.

Abb. 6: Leonardo da Vinci

2

Neuzeit

Im 17. und 18. Jahrhundert änderte sich die Fragestellung in der Wissenschaft (die sich damals übrigens noch nicht so nannte) endgültig. Statt zu fragen „Wofür ist etwas da?", wollte man nun wissen, wie etwas beschaffen war, welche Gesetze hinter einem Phänomen steckten und in welche Systematik man es einordnen konnte. René Descartes, Isaac Newton, Thomas Hobbes, Immanuel Kant, James Watt, Gottfried Wilhelm Leibniz und viele andere prägten in dieser Zeit die Wissenschaft.

Abb. 7: Immanuel Kant

Aufklärung und 19. Jahrhundert

Erst im 19. Jahrhundert begann die Wissenschaft, sich auch als solche zu bezeichnen: 1883 schlug ein Herr namens William Whewell in Cambridge vor, dass die Mitglieder der „British Association of the Science" sich künftig auch „scientists" nennen sollten. Die Idee der Wissenschaft war geboren, und erstmals wurden wissenschaftliche Methoden definiert, Laboratorien eingerichtet und die Studenten mit der neuen Systematik vertraut gemacht. Neue Wissenszweige entstanden, wie beispielsweise die Anthropologie, die Archäologie, die Geowissenschaften und die Grundlagen der Sozial- und Geisteswissenschaften.

20. und 21. Jahrhundert

Das 20. Jahrhundert gilt als bisher reichstes, was wissenschaftliche Erkenntnisse betrifft. Das Wissen um physikalische, technische, medizinische, soziologische etc. Zusammenhänge explodiert nun förmlich, die Anzahl der Studierenden sowie der Wissenschaftlerinnen und Wissenschaftler vervielfacht sich, Forschung wird immer mehr zu einer gemeinsamen, schließlich globalen Anstrengung. Neben einigen bahnbrechenden Entdeckungen, vor allem auf dem Gebiet der Naturwissenschaften, sind es die ungezählten Spezialistinnen und Spezialisten in ihrem Fachbereich, welche die Wissenschaft nun mit vielen kleinen Schritten rasant vorantreiben. Seit dem letzten Drittel des 20. Jahrhunderts setzen sich vor allem in den Naturwissenschaften Forschungsteams durch: Wissenschaft ist also keine Einzelleistung mehr. Immer wieder entstehen neue Fachgebiete (z. B. Astrophysik, Neurobiologie). Die Teilung des Wissens durch neue Medien beschleunigt wiederum den Erkenntnisprozess.

Abb. 8: Moderne Forschung

Aufteilung der Wissenschaften

Im Laufe der Zeit hat sich die Wissenschaft auf immer mehr Fächer und Disziplinen aufgeteilt – eine Entwicklung, die noch lange nicht zu Ende ist, denn ständig entstehen neue Wissensgebiete[1]. Weil diese Entwicklung oft auch als Zersplitterung der Wissenschaft empfunden wird, in der das übergreifende Denken verloren geht, entstehen auch neue interdisziplinäre Strömungen: So arbeiten beispielsweise die Medizin und die Informatik zusammen, die Paläontologie und die Geowissenschaften, die Chemie und die Archäologie. Derzeit wird Wissenschaft in folgende große Kategorien eingeordnet:

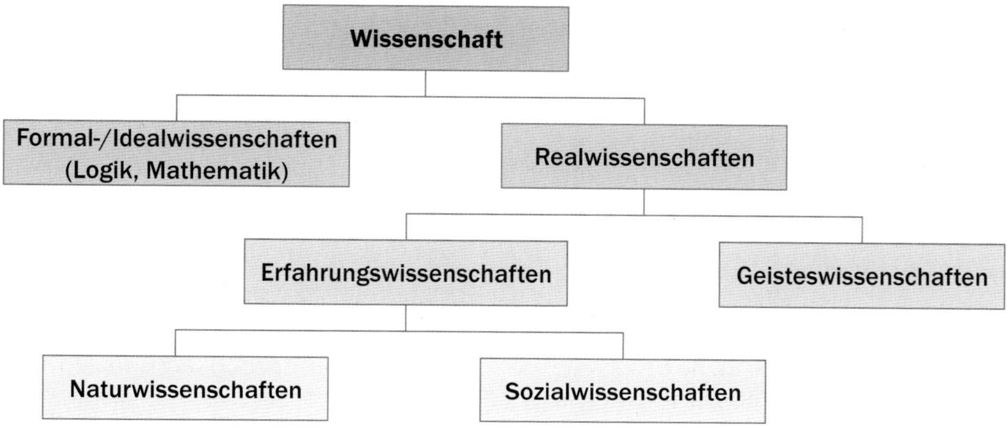

Abb. 9: Kategorisierung der Wissenschaft

Im Folgenden finden Sie eine Liste der häufigsten sogenannten „Einzelwissenschaften". Diese ist keineswegs vollständig und variiert je nach Region, Land und Kontinent. Manche Einzelwissenschaften können verschiedenen Wissenschaftsgebieten zugeordnet werden, beispielsweise gilt die Psychologie als Geisteswissenschaft, Naturwissenschaft und Sozialwissenschaft. Die künstlerischen Fächer werden meist nicht in diese Kategorisierung aufgenommen, da sie nicht als Wissenschaften gelten.

Ein Tipp: Die Zuordnung des Themas Ihrer Arbeit zu einem der unten angeführten Einzelfächer wird Ihnen die Literaturrecherche später wesentlich erleichtern!

Geistes- und Kulturwissenschaften

- Geschichte
- Konservierungs- und Restaurierungswissenschaft
- Kunstgeschichte
- Medienwissenschaft (Publizistik)
- Musikwissenschaft
- Philosophie
- Religionswissenschaften
- Sprach- und Literaturwissenschaften
- Theaterwissenschaft
- Theologie
- Volkskunde

Sozial-(Human-)Wissenschaften

- Anthropologie
- Ethnologie
- Geographie
- Humanbiologie
- Kognitionswissenschaft
- Pädagogik
- Psychologie
- Soziologie
- Sprachwissenschaft
- Wissenschaftsforschung

---

[1] vgl. Stichweh, Rudolf: Zur Entstehung des modernen Systems wissenschaftlicher Disziplinen: Physik in Deutschland 1740–1890. Frankfurt a. M. 1984;
vgl. Schurz, Gerhard: Einführung in die Wissenschaftstheorie. Darmstadt 2006

2

Ingenieurswissenschaften
- Automatisierungstechnik
- Bauingenieurwesen und Architektur
- Elektrotechnik
- Feinwerktechnik
- Informatik
- Landschaftsarchitektur
- Maschinenbau
- Stadtplanung
- Verfahrenstechnik
- Verkehrswissenschaft
- Vermessungswesen

Naturwissenschaften
- Astronomie
- Biologie
- Chemie
- Geowissenschaften
- Medizin
- Physik
- Psychologie

Agrarwissenschaften
- Pflanzenbau
- Bodenkunde
- Phytomedizin
- Gartenbau
- Forstwirtschaft
- Holz- und Naturfasertechnologie
- Kulturtechnik und Wasserwirtschaft
- Landschaftsplanung und Landschaftsarchitektur
- Lebensmittel- und Biotechnologie
- Umwelt- und Bioressourcenmanagement
- Önologie und Weinwirtschaft

Rechtswissenschaften

Sozialwissenschaften
- Anthropologie
- Demographie
- Entwicklungsforschung
- Ethnologie
- Pädagogik
- Pflegewissenschaften
- Politikwissenschaft
- Publizistik- und Kommunikationswissenschaft
- Soziologie
- Sportwissenschaften
- Tourismuswissenschaft

Strukturwissenschaften
- Informatik
- Informationswissenschaften
- Linguistik
- Logik
- Mathematik

Theologie

Wirtschaftswissenschaften
- Betriebswirtschaftslehre
- Entwicklungsforschung
- Handelswissenschaften
- Sozioökonomie
- Volkswirtschaftslehre

Aufgabe
Ordnen Sie folgende Schulfächer jeweils einer oder mehreren Einzelwissenschaften zu.

Deutsch ______________________________

____

Religion ______________________________

____

Bildnerische Erziehung ______________________________

____

Einige wichtige Begriffe zum Thema Wissenschaft[1]

Der Wechsel von der Schule auf die Universität oder Fachhochchule erfordert von Ihnen unter anderem, wissenschaftlich denken zu lernen. Das können Sie jetzt schon üben, indem Sie sich mit einigen wichtigen Begriffen der wissenschaftlichen Denkweise erstmals vertraut machen.

Forschungsgegenstand

Damit ist das Thema einer wissenschaftlichen Arbeit gemeint, bei der es um die Gewinnung neuer Erkenntnisse geht.

Erkenntnisinteresse

Der erste Schritt besteht immer darin, ein Thema so exakt auf eine Fragestellung einzugrenzen und so genau zu beschreiben, dass weitere systematische Schritte sich logisch daraus ergeben. Ein Forschungsgegenstand könnte beispielsweise lauten: „Jugendliche und Alkohol". Nun geht es darum zu definieren, was genau man dazu eigentlich herausfinden will. Das Erkenntnisinteresse zu diesem Beispiel könnte sein, den Zusammenhang zwischen der Geschwisterstellung und der Häufigkeit des Alkoholkonsums bei 14-Jährigen zu untersuchen.

Operationalisierung

Operationalisieren bedeutet „messbar machen" und ist die „Übersetzung" einer Hypothese oder Fragestellung in eine messbare Untersuchung. Wie könnte beispielsweise die Hypothese „Wenn 14-Jährige ältere Geschwister haben, trinken sie früher und häufiger Alkohol als jene, die keine älteren Geschwister haben" gemessen bzw. überprüft werden?

Gütekriterien

Wissenschaft ist, wie Sie bereits wissen, die absichtliche, systematische Erzeugung von Wissen. Um zu prüfen, ob ein Forschungsergebnis auch wirklich systematisch nachvollziehbar ist, hat man eine Reihe von sogenannten Gütekriterien definiert, also Kriterien zur Bestimmung der Güte (= Qualität) von wissenschaftlichen Ergebnissen. Wichtige Gütekriterien sind die Gültigkeit, die Zuverlässigkeit, die Objektivität und die Überprüfbarkeit.

Gültigkeit (Validität)

Die Validität (vom lat. „validus" = kräftig, wirksam) eines wissenschaftlichen Ergebnisses gibt an, ob das, was gemessen bzw. überprüft werden sollte, auch mit den richtigen Instrumenten durchgeführt worden ist (z. B. ob die Hypothesen in einer sozialwissenschaftlichen Studie auch in die richtigen Fragen in einem Fragebogen „übersetzt" worden sind). Die Validität gibt ebenso an, ob auch tatsächlich das gemessen worden ist, was gemessen werden sollte. In unserem Beispiel könnte ein Fragebogen erstellt worden sein, in dem 14-Jährige nach ihrer Geschwisterstellung und ihrem Alkoholkonsum gefragt werden: Hast du ältere Geschwister? Wie viele? Wie alt sind diese? Trinken diese Alkohol? Seit wann? Wie viel? Wie oft? Wann? Wo? Hast du schon einmal Alkohol getrunken? ...

Zuverlässigkeit (Reliabilität)

Die Reliabilität (vom engl. „to rely on" = sich verlassen) gibt an, ob wissenschaftliche Messungen auch verlässlich durchgeführt worden sind und so von einer anderen Person zu einem anderen Zeitpunkt ident wiederholt werden könnten (also ob bei einem Experiment nicht gemogelt worden ist). In unserem Beispiel ginge es darum, den Fragebogen statistisch richtig zu verteilen, zu befüllen und auszuwerten, sodass man bei einer gleichartigen Wiederholung der Befragung dieselben Ergebnisse erhalten würde.

---

[1] vgl. Kopp, Johannes; Schäfers, Bernhard (Hg.): Grundbegriffe der Soziologie. Wiesbaden 2010
vgl. Poser, Hans: Wissenschaftstheorie. Stuttgart 2009
vgl. Schurz, Gerhard: Einführung in die Wissenschaftstheorie. Darmstadt 2006

Objektivität

Objektivität bedeutet, dass wissenschaftliche Ergebnisse keine eigenen subjektiven Meinungen enthalten, sondern neutral und überprüfbar erzeugt worden sind.

Überprüfbarkeit

Jedes wissenschaftliche Ergebnis muss von der ersten Fragestellung bis zur Auswertung in seinem Entstehungsprozess nachvollziehbar und überprüfbar sein: Wer hat wann, warum, was und wie gemacht?

Falsifizieren

Dieser Begriff (vom lat. „falsificare“ = als falsch erkennen) könnte im Deutschen mit „widerlegen“ übersetzt werden. Hier geht es darum, eine Aussage, Methode, Theorie oder Hypothese zu prüfen und gegebenenfalls als falsch oder ungültig einzuordnen. Als Wegbereiter der Idee der „Falsifikation“ gilt übrigens der Philosoph Karl Popper.
In unserem Fall könnte die Hypothese „Wenn 14-Jährige ältere Geschwister haben, trinken sie früher und häufiger Alkohol als jene, die keine älteren Geschwister haben“ sich als unrichtig herausstellen.

Verifizieren

Verifizieren (vom lat. „ veritas“ = Wahrheit und „facere“ = machen) ist das Gegenteil von Falsifizieren: Hier geht es um den Nachweis, dass eine Aussage als richtig einzuordnen ist.
Natürlich könnte der Zusammenhang zwischen Geschwisterstellung und Alkoholkonsum bei 14-Jährigen sich auch als wahr erweisen.

Induktion

Induktion (vom lat. „inducere“ = herbeiführen) bedeutet, aus einer Beobachtung einen Schluss zu ziehen, der auf eine allgemeine Erkenntnis hinweist. Galileo Galilei beobachtete beispielsweise, dass die Venus manchmal jenseits der Sonne und manchmal zwischen der Sonne und der Erde steht; daraus zog er den Schluss, dass die Erde sich um die Sonne dreht.
Unsere Untersuchung könnte den Schluss zulassen, dass die Vorbildwirkung von älteren Geschwistern eine Schlüsselrolle beim Konsum von Alkohol bei 14-Jährigen spielt. (Allerdings könnte dieser Zusammenhang zwar statistisch „beweisbar“, aber dennoch nur scheinbar richtig sein: Die tatsächlich relevante Variable könnte z. B. der Alkoholkonsum der Eltern sein, der auch ältere Geschwister beeinflusst.)

Deduktion

Deduktion (vom lat. „deducere“ = herabführen, ableiten) ist das Gegenteil der Induktion, also die Ableitung von einer Theorie auf ein Einzelphänomen.
Wären wir in unserem Fallbeispiel am Beginn unseres Erkenntnisinteresses auf eine Theorie gestoßen, in der die Bedeutung älterer Geschwister für die pubertäre Entwicklung der jüngeren Geschwister bereits beschrieben ist, so hätten wir daraus abgeleitet, dass dies wahrscheinlich auch beim Einstieg 14-Jähriger in den Alkoholkonsum zutrifft.

Erkenntnisgewinn

Der Erkenntnisgewinn ist das Ergebnis einer wissenschaftlichen Untersuchung. Oder anders ausgedrückt: Was wissen wir am Ende eines Forschungsprozesses, was wir vorher noch nicht gewusst haben?
Für unser Fallbeispiel könnte der Erkenntnisgewinn sein, dass man Jugendlichen, die jüngere Geschwister haben, ihre Vorbildrolle in Bezug auf Alkoholkonsum besonders bewusst machen sollte.

Aufgabe

Surfen Sie ein wenig durchs Internet und finden Sie ein wissenschaftliches Forschungsbeispiel.

1. Was war der Forschungsgegenstand?

___

___

2. Was war das wissenschaftliche Erkenntnisinteresse?

___

___

3. Wie wurde dieses operationalisiert?

___

___

4. Was war der Erkenntnisgewinn?

___

___

Regeln wissenschaftlicher Texte

Wie Sie nun bereits wissen, werden wissenschaftliche Erkenntnisse nicht nur nach ganz besonderen Regeln produziert, sondern auch unter anderem dadurch nachvollziehbar gemacht, dass sie in Form von Texten abgespeichert werden. Auch diese Dokumentation des Forschungsprozesses erfolgt nach bestimmten Regeln, auf die sich die Wissenschaft in den letzten 200 Jahren geeinigt hat. Vor allem diese Fertigkeit sollen Sie sich im Verlauf Ihrer Arbeit aneignen: Wie produziert man einen formal und inhaltlich richtigen vorwissenschaftlichen Text?

Thematische Verortung

Für einen wissenschaftlichen Text ist es wichtig, dass Sie klarmachen, in welchem wissenschaftlichen Feld Sie Ihre Arbeit schreiben. Schließlich macht es einen großen Unterschied, ob Sie beispielsweise eine Arbeit zur Jugend in der NS-Zeit in einem historischen, literaturwissenschaftlichen, medizinischen, soziologischen, psychologischen oder rechtswissenschaftlichen Kontext schreiben. Folgende Metapher kann Ihnen helfen, Ihr Thema richtig einzuordnen: Stellen Sie sich vor, die Wissenschaft ist ein großer Wald. In diesem Wald stehen Bäume, und jeder dieser Bäume steht für eine Einzelwissenschaft, z. B. Geschichte. Auf jedem dieser Bäume wachsen Äste, diese stehen für die Fachbereiche innerhalb der Einzelwissenschaft, also z. B. Ur- und Frühgeschichte, Alte Geschichte, Mittelalterliche Geschichte, Geschichte der Neuzeit, Zeitgeschichte, Wirtschafts- und Sozialgeschichte ... Auf jedem dieser Äste wiederum wachsen Zweige: Auf dem Ast Ur- und Frühgeschichte z. B. Alt- und Mittelsteinzeit, Völkerwanderungszeit oder Grabungstechnik – diese stehen für die Fachgebiete. Auf jedem dieser Zweige wachsen Blätter, diese stehen für die Forschungsthemen der jeweiligen Fachgebiete. Ein Blatt auf dem Zweig der Völkerwanderungszeit könnte beispielsweise die Ausbreitung der Hunnen in Europa sein. Und schließlich sitzen auf den Blättern noch Raupen, das sind die konkreten Forschungen, z. B. die Grabbeigaben der Hunnen. Um Ihr Thema einzugrenzen, müssen Sie also wissen, auf welchem Baum, Ast, Zweig und Blatt Sie sich mit Ihrer Arbeit befinden.

2

Aufgabe

Ordnen Sie die jeweiligen wissenschaftlichen Fragestellungen richtig zu, zum Beispiel:

Fragestellung	Forschungsthema	Fachgebiet	Fachbereich	Einzelwissenschaft
Grabbeigaben der Hunnen	Ausbreitung der Hunnen in Europa	Völkerwanderungszeit	Ur- und Frühgeschichte	Geschichte

1 Medizin
2 Kohlenstoffe
3 Diabetes
4 Neuere deutsche Literatur
5 Organische Chemie
6 Literatur des 18. Jahrhunderts
7 Chemie
8 Pflanzenphysiologie
9 Germanistik
10 Autoimmunerkrankungen
11 Humangeographie
12 Photosynthese
13 Modifikationen des Kohlenstoffes
14 Schiller-Forschung
15 Wirtschaftsgeographie
16 Innere Medizin
17 Geographie
18 Biologie
19 Botanik
20 Tourismusforschung
21 Welches Frauenbild wird in „Maria Stuart" vermittelt?
22 Wie nutzen Algen das Sonnenlicht?
23 Wie stellt man Diamanten künstlich her?
24 Was löst Diabetes aus?
25 Welche Bedingungen ermöglichen Öko-Tourismus?

Fragestellung	Forschungsthema	Fachgebiet	Fachbereich	Einzelwissenschaft

Lösung: Germanistik: 21, 14, 6, 4, 9; Chemie: 23, 13, 2, 5, 7; Geographie: 25, 20, 15, 11, 17; Medizin: 24, 3, 10, 16, 1; Biologie: 22, 12, 8, 19, 18

2

Literaturanbindung

Eine der wichtigsten Unterscheidungen zwischen einem nicht-wissenschaftlichen Text (selbst wenn er eine Studie oder eine Forschung beschreibt) und einem wissenschaftlichen Text ist die Anbindung an bereits vorhandenes Wissen *(vgl. Kapitel 9)*. In der Wissenschaft gibt es dazu das Gleichnis von den „Zwergen, die auf den Schultern von Riesen stehen". Gemeint ist damit, dass jede Wissenschaftlerin, jeder Wissenschaftler die Leistungen der Vergangenheit zu dem Thema kennt und zu dem vorhandenen Wissen einen eigenen (bescheidenen) Beitrag leistet. Da alles, was wissenschaftlich bereits erforscht oder formuliert wurde, sich in Texten niedergeschlagen hat, spricht man dabei auch von Literaturanbindung. Wie Sie die passende wissenschaftliche Literatur zu Ihrem Thema suchen, finden und bearbeiten, erfahren Sie noch genauer in *Kapitel 6*. Wichtig ist, dass Ihnen grundsätzlich bewusst ist, dass Ihre Arbeit in einem Kontext von bereits produziertem Wissen steht und daran anknüpft.

Zitierregeln

Die Regeln der wissenschaftlichen Textproduktion bedeuten nicht nur, welche Inhalte eine Arbeit umfasst, sondern auch, in welcher Form sie geschrieben wird. Die wichtigsten Formregeln sind die Zitierregeln *(vgl. Kapitel 6)*. Jeder Text, auf den Sie in Ihrer Arbeit Bezug nehmen, muss für die Leserinnen und Leser auffindbar (und gegebenenfalls nachlesbar) sein. Das bedeutet, dass Sie Texte, Formulierungen oder Gedanken, die Sie aus einem anderen Text übernehmen, als Zitate kennzeichnen müssen. Tun Sie das nicht, „plagiieren" Sie: Sie schreiben ab, was rechtliche Folgen und eine negative Beurteilung nach sich ziehen kann.

Aufbau eines wissenschaftlichen Textes

Jeder wissenschaftliche Text besteht aus denselben Teilen: der Einleitung, der Theorieanbindung, der eigentlichen Untersuchung und ihrer Ergebnisse sowie der Zusammenfassung. Innerhalb dieser Teile gibt es einige Bausteine, die in jedem guten wissenschaftlichen Text enthalten sein sollten: das Erkenntnisinteresse (bzw. der Erkenntniszusammenhang), die Forschungsfrage und die Beschreibung der gewählten Forschungsmethode *(vgl. Kapitel 9)*.

Zusammengefasst steht in jedem wissenschaftlichen Text also:

Wer hat → was → ausgehend von welchen Überlegungen
→ wie → mit welchem Ergebnis beforscht?

Welche Sorten von wissenschaftlichen Texten gibt es?

Zuletzt soll im Folgenden noch ein kleiner Überblick über Arten von wissenschaftlichen Arbeiten geboten werden, die alle die oben genannten Merkmale aufweisen.

Proseminararbeit/Seminararbeit

Proseminar- bzw. Seminararbeiten sind schriftliche Arbeiten, die von Studierenden im Rahmen ihres Studiums verfasst werden und als Prüfungsleistungen gelten. Diese Arbeiten müssen nicht allen Regeln der wissenschaftlichen Textproduktion entsprechen, sie enthalten meist noch keine eigene Forschungsfrage bzw. empirische Untersuchung, sondern sind Zusammenfassungen von wissenschaftlichen Thematiken *(vgl. Kapitel 1)*.

Proseminarbeiten werden meistens zu Beginn eines Studiums verfasst und sind dementsprechend kürzer (ca. 10–12 DIN A4-Seiten). Seminararbeiten entstehen meistens im späteren Verlauf des Studiums und sind länger (etwa im Umfang einer vorwissenschaftlichen Arbeit, ca. 18–25 DIN A4-Seiten).

2

Diplomarbeit/Masterthese

Die Diplomarbeit bzw. Masterthese ist die erste „richtige" größere wissenschaftliche Arbeit, die im Rahmen eines Studiums verfasst wird, und gilt ebenfalls als Prüfungsarbeit. Sie enthält alle Merkmale eines wissenschaftlichen Textes und hat meist einen Umfang von ca. 80–100 Seiten. In der Diplomarbeit bzw. Masterthese soll gezeigt werden, dass die bzw. der Studierende im Studium gelernt hat, wissenschaftlich zu arbeiten. Diese Arbeiten müssen keine grundlegend neuen Erkenntnisse liefern und sollten über einen sehr kleinen, abgegrenzten Forschungsbereich geschrieben werden. Diplomarbeiten bzw. Masterthesen werden im Unterschied zu Seminararbeiten gebunden und sind an den Universitätsbibliotheken als eigene Werke geführt.

Dissertation

Die Dissertation ist eine wissenschaftliche Arbeit, die zur Erreichung des Doktorats im Rahmen eines Doktoratsstudiums an einer Universität geschrieben wird. Die Dissertation sollte im Unterschied zur Diplomarbeit sehr wohl neue wissenschaftliche Erkenntnisse liefern und gleichzeitig den aktuellen Stand der Wissenschaft zum beforschten Thema zusammenfassen. Dissertationen können im Umfang von 150–300 Seiten geschrieben werden.

Habilitationsschrift

Die Habilitation ist die letzte große schriftliche Prüfungsleistung an Universitäten: Mit ihr wird die Lehrbefähigung nach dem Doktorat in einem wissenschaftlichen Fach festgestellt. Mit der Habilitation wird geprüft, ob die Wissenschaftlerin bzw. der Wissenschaftler das Fach in voller Breite in Forschung und Lehre vertreten kann. In einer Habilitationsschrift wird ein wesentlicher und neuer Beitrag zum Fachgebiet verlangt. Der Umfang beginnt etwa bei 300 Seiten und ist nach oben hin offen.

Artikel

Ein Artikel ist ein kürzerer Text über einen wissenschaftlichen Gegenstand, in dem in knapper Form über ein Thema oder eine Forschung berichtet wird. Ein wissenschaftlicher Artikel kann entweder in einer Zeitschrift, in einem Sammelband (also einem Buch, in dem ein oder mehrere Herausgeberinnen und Herausgeber unterschiedliche Artikel zu einem Themenbereich sammeln) oder im Internet erscheinen.

Monographie

Die Monographie (von griechisch: „monographia" = Einzelschrift) ist eine umfassende, in sich geschlossene Abhandlung, also ein Buch über einen wissenschaftlichen Gegenstand. Eine Monographie kann von einer Autorin oder einem Autor sein, aber auch von einem Kollektiv.

! *Das Wichtigste auf einen Blick*

- In der Wissenschaft wird, im Gegensatz zum Alltagswissen, Wissen absichtlich und systematisch erzeugt; dieses Wissen ist überprüfbar.
- Die Geburtsstunde der Wissenschaft siedeln wir heute in der Antike an. Universitäten gibt es seit dem Mittelalter.
- Wissenschaftliche Arbeiten lassen sich immer einem Fachgebiet bzw. einer Einzelwissenschaft zuordnen.
- Eine wissenschaftliche Arbeit hat immer einen Forschungsgegenstand, ein Erkenntnisinteresse und einen Erkenntnisgewinn.
- Wissenschaftliche Fragestellungen knüpfen immer an schon vorhandenes Wissen an.
- Wissenschaftliche Texte folgen bestimmten Regeln und Vorgaben, z. B. Zitierregeln.
- Wissenschaftliche Texte haben einen definierten inhaltlichen Aufbau.

Projektplanung und Projektprotokoll

LERNZIELE Nach dem Durcharbeiten dieses Kapitels

... erkennen Sie, warum Projektplanung bei der Erstellung einer vorwissenschaftlichen Arbeit hilfreich ist.	☐
... wissen Sie, was eine sinnvolle Projektplanung umfasst.	☐
... können Sie Ihre vorwissenschaftliche Arbeit in ein Projekt umwandeln.	☐
... haben Sie einen Überblick über die wichtigsten Arbeitsschritte der kommenden Monate.	☐
... wissen Sie, was Ihr Projektprotokoll beinhalten soll.	☐
... können Sie beginnen, Ihr Projektprotokoll zu befüllen.	☐

3

Warum ist Projektplanung bei einer vorwissenschaftlichen Arbeit hilfreich?

Auf den ersten Blick scheint alles klar: Sie müssen nur ein gutes Thema finden und darüber eine Arbeit schreiben. Kann doch nicht so schwer sein, oder? In den folgenden Kapiteln werden Sie herausfinden, dass das Konzipieren und Schreiben einer vorwissenschaftlichen Arbeit umfassender und aufwändiger ist als das Schreiben eines langen Aufsatzes: Vor Ihnen liegt eine Menge Recherche-, Denk-, Strukturier- und Schreibarbeit.

Das soll Sie nun nicht verunsichern, im Gegenteil: Mit der richtigen Planung ist das Erstellen einer vorwissenschaftlichen Arbeit keine Hexerei – ohne Planung und nur mit dem Vertrauen auf die eigenen Schreibfähigkeiten allerdings schon! Folgende Gründe sprechen dafür, Ihre Arbeit strukturiert zu planen und damit Schritt für Schritt zu erarbeiten:

- **Kräfte-Einteilen statt Zeit-Verschwenden**
  Mit einer guten und realistischen Planung verlieren Sie weder Zeit noch Überblick. Sie wissen jederzeit, wo Sie im Projekt stehen, was Ihre nächsten Schritte sind und welches Arbeitspaket als Nächstes anzugehen ist.
- **Viele kleine Hügel statt einem Mount Everest**
  Eine gute Planung nimmt die Angst vor der unüberwindlichen Hürde – Ihre Arbeit wird in bewältigbare Schritte zerlegt.
- **Durchhalten statt Durchhängen**
  So paradox es auch klingt – eine der häufigsten „Fallen“ beim Erstellen einer größeren (wissenschaftlichen) Arbeit ist die Anfangseuphorie. Ungeplantes und unstrukturiertes „Drauflosarbeiten“ macht zwar ein paar Tage lang Spaß, führt aber letztlich zu Frustration. Wenn Sie sich Ihre Energie einteilen, macht die Arbeit durchgehend Freude, und Sie haben ständig kleine Erfolgserlebnisse.
- **Kooperation statt Konflikt**
  Um mit Ihrer Betreuerin bzw. Ihrem Betreuer gut zusammenzuarbeiten, lassen Sie sich von Anfang an „in die Karten schauen“. Wenn sie bzw. er weiß, dass Sie Ihre Arbeit gut planen, und vorhersehen kann, wann Betreuung in diesem Arbeitsprozess „gefragt“ ist und wann Sie besser alleine arbeiten, ersparen Sie sich negative Überraschungen.
- **Entlastung statt Belastung**
  Mit einer guten schriftlichen Planung bekommen Sie den Kopf frei – Sie brauchen keine Angst mehr haben, wichtige Aufgaben zu vergessen.
- **Verbindlichkeit statt Zufallsprinzip**
  Mit einem selbst erarbeiteten Plan disziplinieren Sie sich selbst auf angenehme Weise.

Was umfasst eine sinnvolle Projektplanung?

Eine gute Projektplanung legt fest, WAS Sie WANN machen:

- Das WAS leitet sich immer von den Zielen bzw. Teilzielen eines Projektes ab. Ihr Gesamtziel ist bereits definiert: Sie haben eine gute (positive) Note auf die Präsentation Ihrer fertigen Arbeit erhalten. Ihre Teilziele leiten sich daraus ab: Was muss in einer guten vorwissenschaftlichen Arbeit alles enthalten sein? Übrigens: Ziele formuliert man immer so, als ob das Ziel bereits erreicht wäre! Zum Beispiel: Ich habe mein Thema eingereicht.
- Das WANN beruht auf Hypothesen, auf Vermutungen: Wie lange werden Sie für etwas brauchen? Diese Hypothesen können sich im Laufe der Zeit natürlich ändern. Je intensiver Sie sich mit Ihrer Arbeit beschäftigen, umso klarer wird Ihnen die zeitliche Struktur werden. Passen Sie im Verlauf der nächsten Monate Ihren Projektplan immer wieder an die Realität an!

Projektplanung heißt:

- Definieren der Gesamtprojektlaufzeit
- Brainstorming aller zu erledigenden Aufgaben
- Umwandeln der Aufgabenliste in Arbeitspakete,
  Definieren von Zielen für jedes Arbeitspaket,
  Einteilen der Arbeitspakete in Arbeitsphasen
- Definieren von wichtigen Meilensteinen
- Ressourcen-Check: Kommen mir bei meinem Plan andere Projekte in die Quere?

SCHRITT 1: Definieren der Gesamtprojektlaufzeit

Aufgabe

Tragen Sie auf der Zeitachse den heutigen Tag ein sowie den Tag, an dem Sie Ihre Arbeit (voraussichtlich) präsentieren werden. Rechnen Sie sich dann die Wochenanzahl aus, die dazwischenliegt.

SCHRITT 2: Brainstorming aller zu erledigenden Aufgaben

Im Folgenden finden Sie eine beispielhafte (!) Liste aller Dinge, die Sie erledigen müssen, um Ihr Ziel zu erreichen:

- Projektprotokoll schreiben
- Thema finden
- Entscheidung treffen: alleine arbeiten oder zu zweit bzw. zu dritt?
- Betreuerin bzw. Betreuer finden
- Vorläufigen Titel finden
- Thema einreichen
- Literaturrecherche machen
- Forschungsfrage definieren
- Entscheidung treffen: produktive oder reproduktive Arbeit?
- Methode bzw. Literatur festlegen
- Exposee erstellen
- Inhaltsverzeichnis festlegen
- Literatur intensiv bearbeiten
- Forschung durchführen
- Forschung auswerten
- Material ordnen und sichten
- Arbeit schreiben
- Arbeit korrigieren
- Arbeit abgeben
- Präsentation vorbereiten
- Im Rahmen der Reifeprüfung präsentieren

Abb. 10: Jede Projektplanung beginnt mit einem Brainstorming.

Aufgabe

Schauen Sie sich die oben angeführte Liste gut durch: Vielleicht fehlen Ihrer Meinung nach noch wichtige Aufgaben? Vielleicht sind manche Aufgaben in mehrere Teile zu zerlegen? Vervollständigen Sie die Liste einfach nach Ihrem Geschmack.
Blättern Sie dazu auch dieses Buch durch: Finden Sie dabei weitere Arbeitsschritte, die Ihnen wichtig erscheinen?

3

SCHRITT 3: Umwandeln der Aufgabenliste in Arbeitspakete, Definieren von Zielen für jedes Arbeitspaket, Einteilen der Arbeitspakete in Arbeitsphasen

Vielleicht hilft es Ihnen, beim Definieren Ihrer eigenen Arbeitspakete dieses Buch durchzublättern: Welche darin enthaltenen Aufgaben könnten noch wichtig sein? Wie lange werden Sie Ihrer Meinung nach für jedes Arbeitspaket brauchen? Zur Erinnerung: Ihr gesamter Zeitrahmen beginnt mit dem heutigen Tag und endet mit dem Tag der Präsentation.

Arbeitspaket 1:	**Thema finden, Betreuerin bzw. Betreuer finden**
Umfasst:	▪ Projektplanung erstellen ▪ Themen-Brainstorming machen ▪ Erste grobe Literaturrecherche durchführen ▪ Entscheidung treffen, ob alleine oder im Team gearbeitet werden soll ▪ Sich auf ein Thema festlegen ▪ Betreuerin bzw. Betreuer finden und ansprechen ▪ Vorläufigen Titel finden ▪ Themen-Abstract schreiben ▪ Sich mit der Betreuerin bzw. dem Betreuer auf das Thema einigen ▪ Projektplanung fertig stellen ▪ Sich mit der Betreuerin bzw. dem Betreuer auf den Projektplan einigen ▪ Mit dem Projektprotokoll beginnen ▪ Thema einreichen
Teilziel:	Ich habe ein Thema eingereicht und einen Betreuungsvertrag abgeschlossen.
Diese Arbeitsphase dauert:	

Arbeitspaket 2:	**Forschungsfrage definieren, Literaturrecherche machen**
Umfasst:	▪ Entscheidung treffen, ob eine produktive oder reproduktive Arbeit geschrieben werden soll ▪ Forschungsfrage definieren ▪ In den passenden wissenschaftlichen Kontext einbinden ▪ Literatur gezielt suchen
Teilziel:	Ich habe eine tragfähige Forschungsfrage definiert, weiß, in welchem wissenschaftlichen Feld ich mich damit befinde, und habe eine erste gezielte Literaturrecherche gemacht.
Diese Arbeitsphase dauert:	

3

Arbeitspaket 3:	**Methode bzw. Literatur festlegen, Exposee erstellen**
Umfasst:	▪ Geeignete Methode finden (im Fall einer produktiven Arbeit) ▪ Geeignete Literatur festlegen (im Fall einer reproduktiven Arbeit) ▪ Methodenliteratur recherchieren ▪ Exposee schreiben ▪ Exposee mit der Betreuerin bzw. dem Betreuer abstimmen
Teilziel:	Ich habe mich auf eine geeignete Methode bzw. auf geeignete Literatur festgelegt und mein Exposee mit der Betreuerin bzw. dem Betreuer abgestimmt.
Diese Arbeitsphase dauert:	

Arbeitspaket 4:	**Forschung durchführen und auswerten bzw. Literatur intensiv bearbeiten**
Umfasst:	▪ Forschungsplan erstellen ▪ Forschung durchführen ▪ Forschung auswerten ▪ Ergebnisse dokumentieren bzw. ▪ Literatur durcharbeiten ▪ Literatur zusammenfassen ▪ Ergebnisse dokumentieren
Teilziel:	Ich habe meine Forschung durchgeführt, ausgewertet und dokumentiert bzw. meine Literatur durchgearbeitet, zusammengefasst und dokumentiert.
Diese Arbeitsphase dauert:	

Arbeitspaket 5:	**Arbeit schreiben, korrigieren, abgeben**
Umfasst:	▪ Vorläufiges Inhaltsverzeichnis festlegen ▪ Alle erarbeiteten Materialien sichten und den Kapiteln zuordnen ▪ Kapitel schreiben ▪ Literaturverzeichnis erstellen ▪ Endgültiges Inhaltsverzeichnis erstellen ▪ Endgültigen Titel finden ▪ Arbeit korrigieren ▪ Arbeit binden ▪ Arbeit abgeben
Teilziel:	Ich habe meine Arbeit abgegeben! ☺
Diese Arbeitsphase dauert:	

Arbeitspaket 6:	Arbeit präsentieren
Umfasst:	▪ Präsentationsinhalte definieren ▪ Handout erstellen ▪ Sonstige Materialien (z. B. Flipchart) erstellen ▪ Präsentation konzipieren ▪ Evtl. mit dem Team abstimmen ▪ Präsentation üben ▪ Sich auf Fragestellungen vorbereiten
Teilziel:	Ich habe meine begutachtete Arbeit vor der Kommission präsentiert und eine positive Beurteilung erhalten. ☺
Diese Arbeitsphase dauert:	

SCHRITT 4: Definieren von wichtigen Meilensteinen

Zu jedem guten Projektplan gehören auch sogenannte Meilensteine, also wichtige Eckpunkte des Arbeitsprozesses, mit deren Gelingen das ganze Projekt steht und fällt: Denn sie sind wichtige Termine auf dem Weg zum Erfolg. Diese Meilensteine müssen auch mit konkreten Zeitpunkten verknüpft werden. Beachten Sie also gleichzeitig, wie viel Vorlaufzeit Sie ungefähr für jeden Meilenstein brauchen werden! Die Meilensteine können das Ende eines Arbeitspaketes sein, müssen aber nicht.
Überlegen Sie außerdem, wie Sie sich für jeden erreichten Meilenstein „belohnen" werden: Das kann ein ausgiebiger Besuch im Eissalon sein oder ein Shopping-Trip – jedenfalls etwas, auf das Sie sich jetzt schon freuen können!

Abb. 11: Meilenstein an der Römerstraße: Anhand von Meilensteinen konnten Reisende schon im Altertum erkennen, wie viel von einer Strecke schon zurückgelegt worden ist und wie lange der restliche Weg noch dauern wird.

Aufgabe: Definieren von Meilensteinen

Welche Meilensteine sind Ihrer Meinung nach die wichtigsten? Tragen Sie diese auf der Zeitachse ein (als konkrete Kalendertage). Schreiben Sie auch gleich Ihre „Belohnung" dazu!

Datum

Meilenstein 1: ______________________________

____

____

Belohnung: ______________________________

____

____

Meilenstein 2: ______________________________

____

____

Belohnung: ______________________________

____

____

Meilenstein 3: ______________________________

____

____

Belohnung: ______________________________

____

____

Meilenstein 4: ______________________________

____

____

Belohnung: ______________________________

____

____

SCHRITT 5: Ressourcen-Check: Kommen mir bei meinem Plan andere Projekte in die Quere?

Überprüfen Sie zuletzt, ob Ihnen nicht andere Aufgaben bei Ihrem Projektplan in die Quere kommen könnten: Urlaub? Schularbeiten? Prüfungen? Passen Sie eventuell Ihren Projektplan nochmals an.

Zum Schluss bringen Sie Ihren persönlichen Projektplan zu Papier, z. B. anhand folgender Vorlage:

Projektplan von: ______________________ **Datum:** __________

Meilensteine:	Aufgaben bis dahin:	Dauert insgesamt:	Fertig am:

Das Projektprotokoll

Gemeinsam mit Ihrer Arbeit müssen Sie auch ein Projektprotokoll abgeben, um den Prozess Ihres Arbeitens zu dokumentieren. Studierfähigkeit *(vgl. Kapitel 1)* umfasst ja auch Ihre „Projektkompetenz": Sie müssen also zeigen, dass Sie sich eine größere Arbeit selbstständig einteilen und sie bewältigen können. Gleichzeitig können Sie das Projektprotokoll dazu nutzen, Ihre Arbeitsschritte zu reflektieren: Wie ist es mir in den einzelnen Phasen gegangen? Welche Erfahrungen habe ich gemacht? Was habe ich gelernt? Woran muss ich noch weiterarbeiten? Was muss ich noch klären?

Das Projektprotokoll erstellen Sie parallel zum Verlauf Ihres Arbeitens. Am besten, Sie markieren sich einen Tag im Monat im Kalender, an dem Sie „Protokollarbeit" machen. Dieses Instrument ist vor allem dann besonders wichtig, wenn Sie Ihre Arbeit im Team schreiben wollen *(vgl. Kapitel 11)*. Denn in diesem Fall beschreiben Sie auch, was Sie mit Ihrer Kollegin bzw. Ihrem Kollegen vereinbaren. Das Projektprotokoll dient Ihrer Betreuerin bzw. Ihrem Betreuer dazu, den Fortschritt Ihrer Arbeit zu überprüfen und am Ende zu beurteilen, ob Sie sich Ihre Zeit gut und sinnvoll eingeteilt haben.

Je ausführlicher Sie Ihr Arbeiten dokumentieren, desto besser wird es Ihnen gelingen, Ihr Arbeitspensum gut zu organisieren!

Was enthält ein Projektprotokoll?

Ein Projektprotokoll ist eine Verlaufsdokumentation Ihres Arbeitens, in der Sie Folgendes beschreiben:

WAS haben Sie → WANN → WIE → mit WELCHEM ERGEBNIS gemacht?

Nach dem Durcharbeiten dieses Kapitels können Sie bereits beginnen, Ihr Projektprotokoll zu befüllen, indem Sie Ihren Projektplan eintragen. Die nächsten Schritte sind die Dokumentation der Verhandlung mit Ihrer Betreuerin bzw. Ihrem Betreuer sowie Ihre ersten Themeninteressen.

Wie sieht ein Projektprotokoll aus?

Protokolle unterliegen den soeben genannten inhaltlichen Regeln, aber – im Gegensatz zur äußeren Form von (vor-)wissenschaftlichen Arbeiten – keinen Formvorschriften. Sie können auch Fotos oder andere Dokumente in Ihr Projektprotokoll einbauen (z. B. Fotos von einem Interview, das Sie geführt haben, oder Ihren Projektplan).
Protokolle können in der Jetzt-Form, aber auch in der Vergangenheitsform geschrieben werden und müssen stilistisch nicht perfekt sein – oft reichen Stichworte oder Überschriften. Wichtig sind allerdings folgende Punkte:

- Ist das Protokoll vollständig?
- Ist das Protokoll chronologisch richtig?
- Werden in dem Protokoll die wesentlichen Eckpunkte festgehalten?

Das Wort Protokoll leitet sich übrigens aus dem Griechischen ab. Es setzt sich zusammen aus den Wörtern „protos" = Erster und „kólla" = Leim, Kleber; es bedeutete ursprünglich das den amtlichen Papyrusrollen vorgeklebte Blatt, also so etwas wie der „Aktendeckel" einer schriftlichen Aufzeichnung.

Im Folgenden finden Sie ein Beispiel dafür, wie ein Projektprotokoll aufgebaut sein könnte. Sie können aber auch Ihre eigene Form „erfinden"; wichtig ist nur, dass Sie diese dann für alle Teile des Protokolls beibehalten!

3

Projektprotokoll, Teil 1	Datum:	Erstellerin/Ersteller[1]

Arbeitsschritt	Zeitraum	Erläuterungen	Ergebnis
Informationen zur VWA einholen	10.9. – 30.9.	Am schwarzen Brett waren alle wichtigen Infos zur VWA ausgehängt. Wir haben außerdem eine Info-Mappe von der Direktion bekommen.	Ich kenne mich nun aus, was eine VWA ist.
Thema finden	30.9. – 20.10.	Ich habe mir im Sommer schon überlegt, in meinem vertiefenden Wahlpflichtfach eine VWA zu schreiben. Da ich beim Jugendrotkreuz arbeite, würde ich gerne eine Arbeit über Henry Dunant schreiben.	Ich werde eine Arbeit im Fach Geschichte schreiben, und zwar über den Gründer des Roten Kreuzes Henry Dunant.
Betreuerin bzw. Betreuer finden	20.10.	Ich habe im Vorfeld überlegt, wer so eine Arbeit betreuen könnte, und habe dann unseren Klassenvorstand gefragt. Er hat zugesagt.	Dr. Richter wird die Arbeit betreuen. Er wünscht sich eine erste Literaturrecherche.
Erste Literaturrecherche	30.11.	Es ist gar nicht so leicht, wissenschaftliche Literatur über Henry Dunant zu finden. Eventuell muss das Thema verändert werden? (Zum Beispiel: Schlacht von Solferino?)	Das Thema muss noch einmal überarbeitet werden.

Das Wichtigste auf einen Blick

- Die vorwissenschaftliche Arbeit ist ein Produkt, das vorwissenschaftliche Arbeiten ist ein Projekt.
- Wie jedes Projekt muss auch das vorwissenschaftliche Arbeiten gut geplant werden.
- Zur Planung gehört einerseits eine vollständige Auflistung aller Arbeitsschritte, andererseits eine realistische Zeiteinteilung.
- Jeder Projektplan beruht zunächst auf Hypothesen, da Sie ja noch gar nicht im Detail wissen können, wie lange Sie wirklich für die einzelnen Arbeitsphasen brauchen.
- Projektpläne müssen daher von Zeit zu Zeit an die Realität angepasst werden.
- Ein Projektprotokoll ist eine Dokumentation Ihres Arbeitens, die Sie begleitend zu Ihren Arbeitsschritten erstellen.

[1] Diese Angabe ist nur bei einer Teamarbeit wichtig, damit klar ist, wer jeweils welchen Teil des Protokolls verfasst hat.

Themenwahl, Abstract und Einreichung

LERNZIELE Nach dem Durcharbeiten dieses Kapitels

- ... wissen Sie, welche Themen für eine vorwissenschaftliche Arbeit in Frage kommen. ☐
- ... sind Sie Ihrem Interessens- bzw. Entdeckungszusammenhang auf die Spur gekommen. ☐
- ... haben Sie Ihr Thema definiert und sinnvoll eingegrenzt. ☐
- ... haben Sie allererste Versuche der Literaturrecherche unternommen. ☐
- ... wissen Sie, wie viel zu diesem Thema in der Wissenschaft bereits geschrieben worden ist. ☐
- ... wissen Sie, wie man ein Abstract verfasst. ☐
- ... wissen Sie, ob Sie Ihre Arbeit (und damit auch die Einreichung und das Abstract) in einer Fremdsprache verfassen wollen. ☐
- ... haben Sie einen vorläufigen Titel gefunden. ☐
- ... können Sie Ihr Thema einreichen. ☐

Nachdem Sie nun Ihren Arbeitsplan erstellt haben, wird Ihre vorwissenschaftliche Arbeit erstmals konkret: Nun entscheiden Sie sich für ein Thema. Möglicherweise haben Sie bereits ein Thema im Kopf, über das Sie gerne schreiben möchten. Wenn dies nicht der Fall ist, können Ihnen die folgenden Fragen vielleicht behilflich sein, ein Thema zu finden.

Brainstorming-Fragen

- Gibt es ein bestimmtes Unterrichtsfach, das mich immer schon besonders interessiert hat?
- Falls ja: Welche der Themen, die dort in den letzten zwei Jahren erarbeitet wurden, haben mich besonders fasziniert?
- Habe ich beim Erarbeiten eines Referates vielleicht „Feuer gefangen" für eine Thematik?
- Habe ich an einer Exkursion teilgenommen, die mit einem bestimmten Thema verbunden gewesen ist und die mir besonders gut gefallen hat?
- Kenne ich Spezialistinnen und Spezialisten zu einem interessanten Thema, über das ich immer schon mehr wissen wollte, in meiner Verwandtschaft oder in meinem Freundeskreis?
- Weiß ich vielleicht schon, was ich nach der Reifeprüfung studieren will? Gibt es in diesem Studium ein Fachgebiet, das ich besonders faszinierend finde?
- Bin ich in der letzten Zeit über einen Zeitungsartikel oder einen interessanten Internetbeitrag gestolpert?
- Habe ich eine interessante Alltagsbeobachtung gemacht, ein spannendes Gespräch geführt?
- Möchte ich meine Arbeit in einer Fremdsprache schreiben?
- Bin ich dadurch vielleicht schon selbst Expertin bzw. Experte auf einem bestimmten Gebiet?
- Habe ich ein Ferialpraktikum in einem Bereich gemacht, den ich gerne besser kennen lernen würde?
- Gibt es ein bestimmtes Arbeitsfeld, in dem ich gerne in Zukunft tätig sein würde und in dem sich eine thematische Spezialisierung lohnt?
- Bin ich in meiner Freizeit politisch aktiv oder in einem Verein engagiert? Hat dieses Engagement mit einem bestimmten Thema zu tun?
- Gibt es irgendeine Frage, auf deren Beantwortung ich schon immer neugierig gewesen bin?
- Gibt es vielleicht eine bestimmte Forschungsmethode, die ich schon immer ausprobieren wollte (z. B. in Chemie)?

Bevor Sie mit Ihren Überlegungen anfangen, hier noch ein paar Tipps:
Spannende Themen fallen nicht vom Himmel. Machen Sie Augen und Ohren auf, seien Sie in den nächsten Tagen und Wochen ruhig neugieriger als sonst und notieren Sie sich jede interessante Idee sofort auf einem Blatt Papier: Oft kommt die Inspiration an ungewöhnlichen Orten zu ungewöhnlichen Zeiten ...
Sollte Ihr „Themen-Motor" dennoch nicht gleich anspringen, versuchen Sie Folgendes: Lassen Sie sich von einer Freundin oder einem Freund anhand der oben stehenden Liste interviewen; Sie werden staunen, was dabei alles herauskommt!

Abb. 12: Vielleicht finden Sie in den Medien eine Idee für Ihr Thema?

Aufgabe

Schreiben Sie mindestens drei, maximal fünf Themenfelder auf, die Ihnen aufgrund der oben angeführten Liste einfallen bzw. die Ihnen bereits im Kopf „herumgeistern".

1. ______________________________

2. ______________________________

3. ______________________________

4. ______________________________

5. ______________________________

Die Themenwahl

Sobald Sie ein erstes Themeninteresse haben, und sei es noch so ungenau, beginnen Sie, sich langsam an Ihr Feld heranzutasten. Dazu können Sie wiederum verschiedene Brainstorming-Techniken ausprobieren. Wichtig ist, dass Sie alles, was Ihnen zu Ihrem Themeninteresse einfällt, aufschreiben! Viele der Ideen, die Sie jetzt spontan haben, werden Sie im Laufe des Projektes möglicherweise noch brauchen können, sei es für die erste Literaturrecherche, für die Formulierung der Forschungsfrage, für Ihr Abstract oder für Ihre Einleitung.

Ziel der folgenden Aufgabe ist es, Ihr Thema, sollte es noch zu groß und zu allgemein sein, zu verkleinern und zu konkretisieren. Je begrenzter und überschaubarer Ihr Thema ist, desto leichter werden Sie sich tun, eine gute Forschungsfrage *(vgl. Kapitel 5)* und dazupassende Literatur zu finden.

Aufgabe

Starten Sie ein „wildes" Brainstorming als Mindmap, und zwar auf zwei mögliche Arten: vom Großen ins Kleine und vom Kleinen ins Große.

Vom Großen ins Kleine

- Schreiben Sie zuerst alle Fachgebiete auf, die Sie prinzipiell spannend finden, z. B. Medizin, Astronomie, Geschichte, Umweltschutz.
- Finden Sie nun zu jedem Fachgebiet mindestens zwei Untergebiete, die Sie entweder schon kennen gelernt haben oder aber näher kennen lernen wollen.
- Formulieren Sie nun zu jedem Untergebiet konkrete Themenideen – was könnte hier Ihrer Meinung nach alles beforscht werden?
- Listen Sie dann alle Forschungsfragen auf, die Ihnen in den Sinn kommen. Lassen Sie Ihrer Fantasie dabei freien Lauf!
- Lesen Sie sich alle Fragen durch, die Ihnen eingefallen sind. Verdichten Sie nun Ihr Brainstorming wieder. Wie könnte die Überschrift dazu lauten? Machen Sie aus dieser Überschrift einen Arbeitstitel für Ihr Thema, der ruhig lang und ausführlich sein darf. Hauptsache, er umreißt ziemlich deutlich, worum es gehen soll!
- Formulieren Sie eine Antwort auf folgende Frage: „Was genau macht dieses Thema für mich spannend?" Diese Antwort wird Ihnen später helfen, Ihre Forschungsfrage zu formulieren *(vgl. Kapitel 5)*.

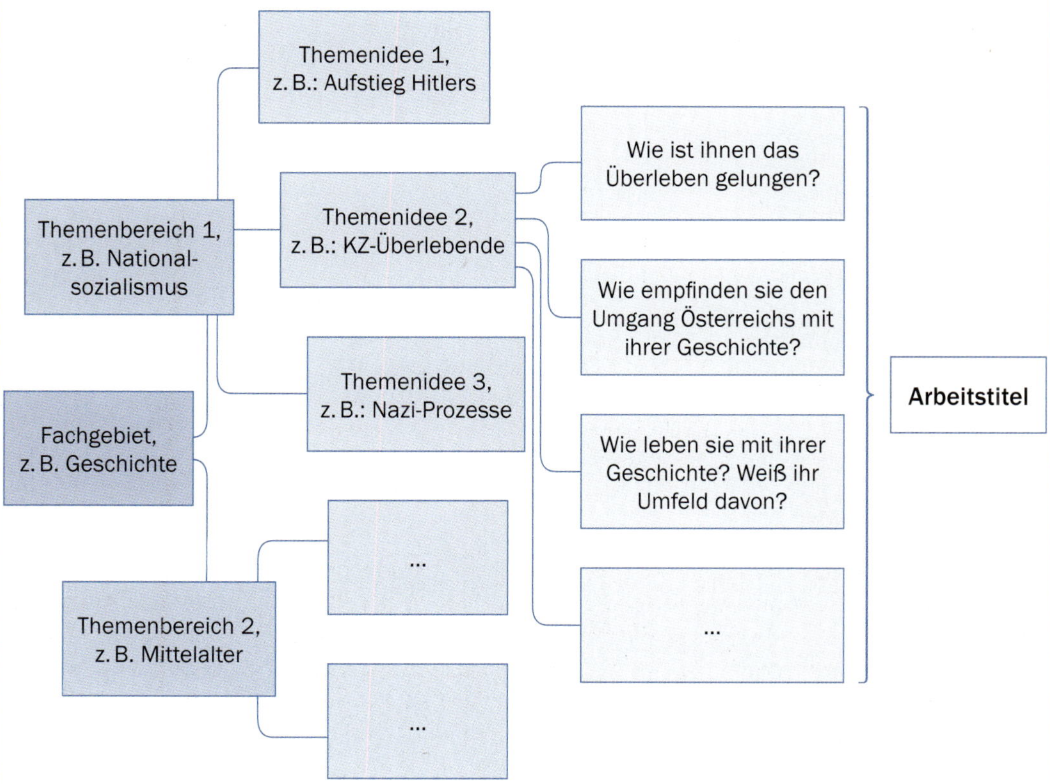

Abb. 13: Vom Großen ins Kleine

4

Vom Kleinen ins Große

- Wenn es ein bestimmtes Detail gibt, an dem sich Ihr Interesse festgemacht hat (entweder weil es Ihnen im Alltag aufgefallen ist oder weil Sie einen Artikel dazu gelesen haben oder weil ...), dann schreiben Sie es auf.
- Formulieren Sie dazu interessante Fragestellungen: je mehr, desto besser.
- Verdichten Sie nun Ihr Brainstorming zu einer Themenidee: Wie könnte die Überschrift dazu lauten? Machen Sie aus dieser Überschrift einen Arbeitstitel für Ihr Thema, der ruhig lang und ausführlich sein darf. Hauptsache, er umreißt ziemlich deutlich, worum es gehen soll!
- Formulieren Sie eine Antwort auf folgende Frage: „Was genau macht dieses Thema für mich spannend?“ Die Antwort wird Ihnen später helfen, Ihre Forschungsfrage zu formulieren *(vgl. Kapitel 5)*.
- Überlegen Sie, in welchem Themenbereich Sie mit dieser Idee angesiedelt sein könnten. Diese Übung wird Ihnen helfen, die ersten Literaturrecherchen besser zu bewältigen.
- Versuchen Sie nun zum Schluss, Ihr Thema einem wissenschaftlichen Fachgebiet zuzuordnen *(vgl. Kapitel 2)*.

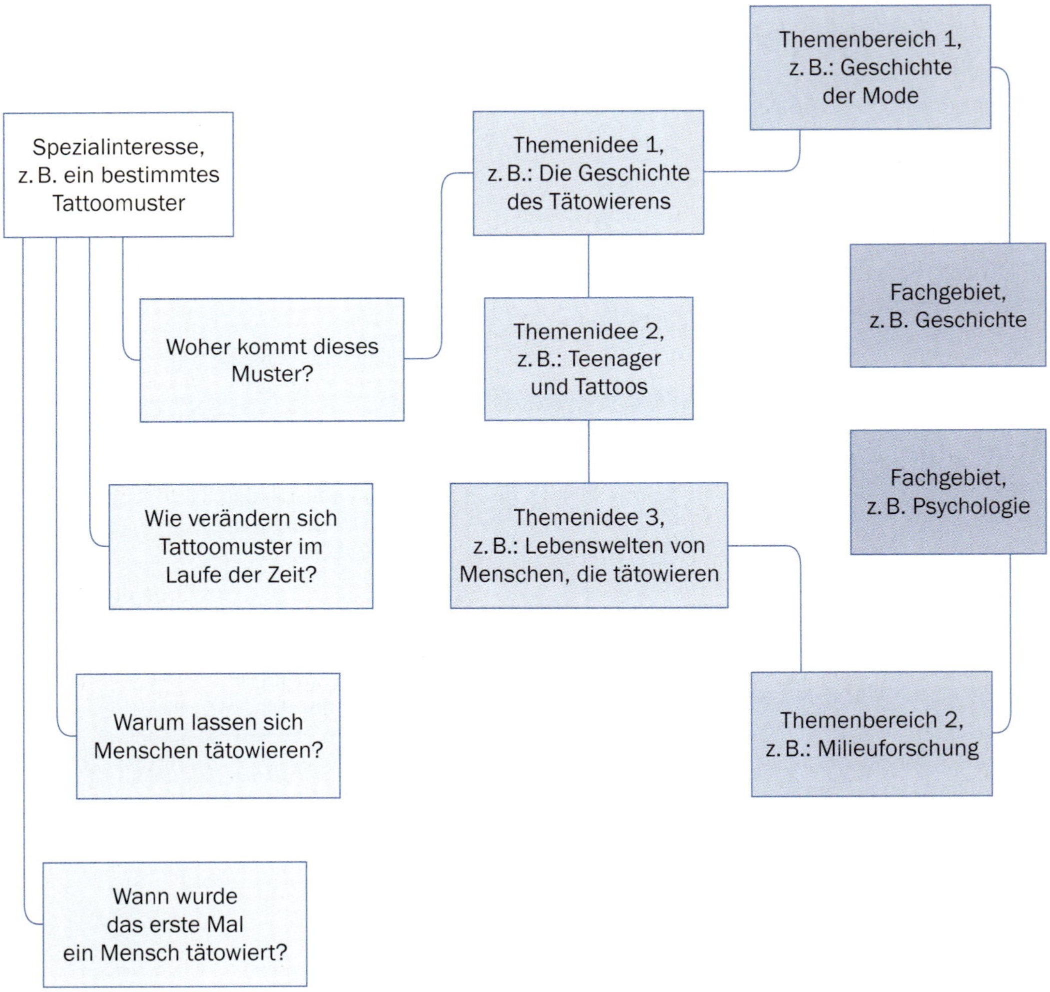

Abb. 14: Vom Kleinen ins Große

Und jetzt sind Sie dran:

Was macht dieses Thema für mich interessant?

Das Clustern von Ideen

Eine weitere Möglichkeit, zu konkreten Themenformulierungen zu kommen, ist das „Clustern“ von Ideen rund um ein großes, allgemeines Thema[1]. Auch bei dieser Übung bringt das Arbeiten in Gruppen meistens mehr, und es macht außerdem Spaß!

Beispiel

Sie möchten gerne eine Arbeit über Drogen schreiben. Schreiben Sie spontan und schnell mindestens fünfzehn Dinge auf, die Sie daran interessant finden.

Beispiele:

1. Wie wirkt Heroin eigentlich genau?
2. Wie wird man zum Junkie?
3. Was passiert beim Entzug?
4. Wie viele Jugendliche rauchen Joints?
5. Drogen-Erfahrungen mit 17?
6. Wer produziert Crack?
7. Sinnvolle Prävention?
8. Geschwister von Junkies?
9. Kunst und Drogen?
10. Prominente Süchtige?
11. Seit wann gibt es Drogen?
12. Drogenhandel?
13. Drogen in den Medien?
14. Drogen im Film?
15. Drogen-Handel im Internet?

Abb. 15: Auch auf einer Pinnwand kann man „clustern“.

Jetzt wird „geclustert“: Welche Ihrer Ideen passen zusammen? Ergeben sich Schwerpunkte? Wie lauten die Überschriften dazu?

Beispiele:

1. Einstieg in die Drogensucht (2, 4, 5, 7, 11)
2. Körperliche und seelische Auswirkungen von harten Drogen (1, 3)
3. Beschaffung und Handel (6, 12, 15)
4. Drogen und Medien (9, 10, 13, 14)
5. Angehörige von Drogenabhängigen (8)

Zum Schluss versuchen Sie, jeder Themenidee eine wissenschaftliche Disziplin zuzuordnen.

Beispiele:

1. Einstieg in die Drogensucht → Psychologie
2. Körperliche und seelische Auswirkungen von harten Drogen → Medizin
3. Beschaffung und Handel → Wirtschaft
4. Drogen und Medien → Kommunikationswissenschaften
5. Angehörige von Drogenabhängigen → Psychologie

[1] vgl. Andermann, Ulrich, u. a.: Duden: Wie verfasst man wissenschaftliche Arbeiten? Mannheim 2006, S. 21 f.

Aufgabe

Nun versuchen Sie sich selbst im Clustern von Themenideen.

Generelles Themeninteresse:

Was interessiert mich alles daran?

Themencluster:

Passt zu folgenden Fächern:

Was macht ein „gutes" Thema aus?

Viele Schülerinnen und Schüler sind sich nicht sicher, ob ihr spezielles Interessensgebiet auch für eine vorwissenschaftliche Arbeit in Frage kommt. Hier ist Aufatmen angesagt: Denn grundsätzlich eignet sich jedes (!) Thema. Ihr Thema muss also nicht außergewöhnlich oder einzigartig sein: Denn es geht nicht um „Einzigartigkeit", sondern darum, dass Sie lernen, ein größeres Projekt Schritt für Schritt zu bewältigen *(vgl. Kapitel 1)*. Ihr Thema muss auch nicht einem Schulfach entsprechen, obwohl das natürlich möglich ist. Grundsätzlich sind also alle Themen erlaubt – die Frage, ob das Thema wissenschaftlich wird oder nicht, entscheidet sich erst anhand der Fragestellung, mit der Sie an Ihr Thema herangehen. Wichtig ist vor allem Folgendes:

- Ihr Thema lässt sich grob einer wissenschaftlichen Disziplin zuordnen *(vgl. Kapitel 2)*.
- Ihr Thema ist nicht zu groß (also beispielsweise nicht „Der Zweite Weltkrieg", sondern besser: „Der Einsatz von Kindersoldaten am Ende des Zweiten Weltkrieges").
- Ihr Thema ist dennoch allgemein genug, dass Sie leicht Literatur dazu finden.
- Ihr Thema beflügelt Sie zu kreativen Ideen.

4

Hier ein paar Beispiele, damit Sie unterscheiden lernen, in welcher wissenschaftlichen Disziplin Ihr Thema beforscht werden könnte, welchen generellen Themenbereich Sie damit anreißen und wie Ihre konkrete Themenidee aussehen könnte. Diese Einbettung Ihres Themas ist wichtig, erstens, damit Sie sich im großen Feld der Wissenschaft gut platzieren können (wo genau docke ich an?), und zweitens, damit Sie es in weiterer Folge leichter haben bei der Literaturrecherche.

Wissenschaftliche Disziplin	Großer Themenbereich	Konkrete Themenidee
Musikwissenschaften	Instrumentenkunde	Die Entstehung der Volksharfe
Medizin	Stoffwechselkrankheiten	Wie betroffene Teenager mit Diabetes umgehen
Geographie	Landschaftsökologie	Die Geburt der Nationalparkidee in Österreich
Geschichte	Der Erste Weltkrieg	Das Attentat auf Erzherzog Franz Ferdinand
Physik	Astronomie	Die Entstehung Weißer Zwerge

Erste Literaturrecherche

Nachdem Sie nun ein Thema definiert haben, geht es an die erste Literaturrecherche. Nutzen Sie alle Schlagwörter, die Sie zu Ihrem Thema notiert haben. Formulieren Sie Ihre Begriffe immer wieder um, bleiben Sie aber bei Ihrem eher eng gesteckten Themenfeld. Suchen Sie auf zweierlei Arten:

1. Recherchieren Sie möglichst unterschiedliche Werke zu Ihrem Thema, auch Spezialliteratur. Vielleicht wird Ihr Interesse dadurch noch einmal geschärft oder erhält eine andere Richtung: Einerseits können Sie so herausfinden, welche Aspekte Ihres Themas schon beforscht worden sind und womit sich die Wissenschaft im Rahmen Ihres Themas auseinandersetzt. Andererseits bekommen Sie einen guten Überblick über Herangehensweisen und Perspektiven zu Ihrem Thema. Sie können wild „drauflosgooglen" oder eine der Recherchetechniken aus *Kapitel 6* ausprobieren.
2. Suchen Sie einige gute Überblickswerke, die Ihnen einen ersten Eindruck über die aktuellen Theorien und Trends zu Ihrem Thema verschaffen. Manche dieser Bücher kristallisieren sich beim Suchen fast von selbst heraus, weil sie immer wieder auftauchen, egal, wie Sie Ihre Schlagwörter umformulieren.

Lesen Sie viele Klappentexte, Inhaltsverzeichnisse und Buchbesprechungen. Notieren Sie alle Ihre Recherche-Ergebnisse: Diese Literaturliste kann Ihnen noch sehr nützlich sein! Besorgen Sie sich mindestens eines der Überblickswerke, und fangen Sie an zu schmökern: Vielleicht bleiben Sie bei der einen oder anderen Einleitung hängen und bekommen so einen ersten Eindruck, wie andere an Ihr Thema herangegangen sind und was die derzeit gängige Lehrmeinung zu Ihrem Thema ist. Vielleicht verändern Sie Ihr Thema danach noch einmal bzw. grenzen es anders ein; falls nicht, haben Sie einen ersten Überblick über Ihr Themenfeld bekommen.

Der nächste Schritt ist nun, erste Hypothesen oder Thesen zu Ihrem Thema zu entwickeln. Danach können Sie bereits beginnen, Ihr Abstract zu formulieren.

Was sind Hypothesen und Thesen?

Falls Sie sich entschlossen haben, eine produktive Arbeit zu schreiben, also eine eigene kleine Forschung umzusetzen, sollten Sie Ihre ursprünglichen Annahmen und Vermutungen zu Ihrem Thema niederschreiben. Gehen Sie dazu noch einmal an den Kern Ihres Themas: Was genau hat Sie an diesem Thema angezogen? Welchen Aspekt finden Sie besonders bemerkenswert? Wenn man eine ganz bestimmte Antwort in einem Thema vermutet, kristallisieren sich so bereits die ersten Hypothesen und Thesen zu einem Thema heraus.

Was aber sind Hypothesen und Thesen? Das Wort „Hypothese“ kommt aus dem Griechischen und bedeutet „Unterstellung“ bzw. „Grundlage“. Eine Hypothese ist eine Aussage, von der man annimmt, dass sie stimmt, die aber noch nicht bewiesen ist. Meistens sind Hypothesen mit Bedingungen verknüpft und werden so formuliert: „wenn – dann“ oder „je – desto“. Hypothesen sind etwa: „Je mehr Störche im Burgenland nisten, desto größer ist die Zahl der Geburten in diesem Bundesland.“ Oder: „Wenn Teenager täglich Alkohol konsumieren, steigt ihr Risiko, als Erwachsene alkoholabhängig zu werden.“ Um den Wahrheitsgehalt solcher Hypothesen zu prüfen, müssen sie getestet werden, meist durch eine statistische Untersuchung oder durch ein Experiment. Hypothesen kommen daher vor allem in den Naturwissenschaften zum Einsatz. Die Hypothese ist auch die Vorstufe zu einer Theorie, beispielsweise der „Storch-Theorie“: „Je mehr Störche in einem Dorf nisten, desto höher ist dort die Geburtenrate.“ Diese „Theorie“ ist übrigens ein gutes Beispiel für eine Alltagshypothese, die nie ernsthaft wissenschaftlich geprüft wurde! Aberglauben ist eben fast nie wissenschaftlich fundiert. Die meisten Hypothesen sind für eine vorwissenschaftliche Arbeit kaum sinnvoll, da ihre Prüfung mit einem sehr hohen Aufwand verbunden wäre.

Thesen haben eine ähnliche Definition: Sie sind Aussagen, die bereits ein Urteil enthalten und fast immer aus einer abgeschlossenen Forschung stammen. Sie dienen ebenfalls als Orientierung für die Beforschung eines Themas.

Jedoch gilt es als gute wissenschaftliche Praxis, Annahmen, Vermutungen und Spekulationen vor Beginn einer Forschung (und sei sie noch so klein) offenzulegen. Das müssen keine Wenn-/Dann- bzw. Je-/Desto-Formulierungen sein, sondern können einfach formulierte Sätze sein, die andeuten, welche Vorannahmen Sie zu Ihrem Thema haben.

Wenn Sie beispielsweise etwas über den Umgang von Jugendlichen mit Diabetes schreiben wollen, haben Sie wahrscheinlich die Vermutung, dass diese Krankheit von Teenagern als sehr störend und belastend empfunden wird. Oder Sie vermuten, dass die meisten Betroffenen ihre Krankheit eher geheimhalten wollen. Vielleicht nehmen Sie aber auch an, dass junge Menschen, die von einer chronischen Krankheit betroffen sind, wesentlich reifer und erwachsener an das Leben herangehen als andere. Diese Vorannahmen fließen in Ihre Arbeit mit ein: Schließlich werden sie entscheidend mitbestimmen, mit welcher Forschungsfrage Sie an das Thema herangehen. Außerdem sind sie ein guter Orientierungsrahmen für Ihre Betreuerin bzw. Ihren Betreuer: Anhand Ihrer ersten Hypothesen kann man nämlich erkennen, welches konkrete Interesse Sie an dem Thema haben und wo Ihre Arbeit hinführen könnte.

4

Das Abstract

Was ist ein Abstract?

Ein Abstract könnte man als Klappentext einer wissenschaftlichen Arbeit bezeichnen, also eine Art Inhaltsangabe. Ein Abstract soll prägnant und kurz sein. Es gibt in knappen Worten, allerdings in ganzen Sätzen, einen schnellen Überblick über eine bereits vorliegende oder zu schreibende Arbeit. Es gibt zwei Arten von Abstracts:

ex ante (= aus dem Davor)	ex post (= aus dem Danach)

Ein „ex ante"-Abstract skizziert Ihren derzeitigen Wissens- und Interessensstand zum Thema, natürlich *bevor* die Arbeit geschrieben wurde. Das „ex post"-Abstract fasst Ihre Arbeit zusammen, *nachdem* sie geschrieben wurde, und ist deshalb wesentlich konkreter. Ein „ex post"-Abstract können Sie zusammen mit Ihrer fertigen Arbeit einreichen, falls Ihre Schule im Archiv (im Internet oder in der Schulbibliothek) Ihre Arbeit erfassen will, um einen Überblick über alle je geschriebenen Arbeiten zu geben *(vgl. Kapitel 7)*.

In Ihrem „ex ante"-Abstract sollen folgende Inhalte kurz umrissen werden:

- Was genau ist Ihr Thema? (Je konkreter, desto besser!)
- Welcher wissenschaftlichen Disziplin könnten Sie es zuordnen?
- Wie sind Sie auf das Thema gekommen? (= Was ist Ihr Entdeckungszusammenhang?)
- Was finden Sie an diesem Thema spannend? (= Was ist Ihr Interessenszusammenhang?)
- Welche Hypothesen haben Sie dazu bereits gebildet? Welche Vorannahmen leiten Sie?
- Was ist – ganz grob – der Stand der Wissenschaft zu Ihrem Thema?
- Was können Sie nach Ihrer ersten oberflächlichen Literaturrecherche bereits sagen?

Zusätzlich möglich, aber kein Muss:

- Welche möglichen Fragestellungen bzw. Methoden stecken in diesem Thema?
- Will ich eine produktive oder eine reproduktive Arbeit schreiben?

Das Abstract umfasst mindestens 150, maximal 200 Wörter und eine Überschrift, die gleichzeitig auch der Arbeitstitel Ihrer Arbeit ist. Selbstverständlich darf sich zwischen dem „ex ante"-Abstract und der endgültigen Fertigstellung Ihrer Arbeit noch einiges ändern: Sie gehen ja in diesem Kurztext noch nicht von fertigen Kapiteln aus, sondern von ersten Ideen, Annahmen und Skizzen. Ziel des Abstracts ist es, dass Ihrer Betreuerin bzw. Ihrem Betreuer nach dem Lesen klar ist,

- mit welchem Thema Sie sich auseinandersetzen wollen,
- in welcher wissenschaftlichen Disziplin Sie es ansiedeln bzw. an welches Unterrichtsfach Sie dabei inhaltlich anschließen,
- wie Sie auf dieses Thema gekommen sind und was Sie daran besonders spannend finden,
- dass Sie sich bereits ein wenig mit der Thematik auseinandergesetzt haben,
- dass es eine konkrete inhaltliche Basis gibt, auf der Sie Ihre Arbeit aufbauen können,
- ob dieses Thema akzeptiert werden kann.

Sollten Sie Ihre Arbeit in einer Fremdsprache verfassen wollen, empfiehlt es sich, das Abstract ebenfalls in dieser zu schreiben.

Beispiele für „ex ante"-Abstracts

Junge Jüdinnen und Juden in Österreich: Wie sie mit dem Erbe des Holocaust umgehen

In meiner Arbeit möchte ich mich mit dem Erbe des Holocaust auseinandersetzen, und zwar ganz konkret mit der Enkelgeneration der überlebenden Holocaust-Opfer. Dass das Trauma der Großeltern noch in viele Generationen weiterwirkt, wissen wir mittlerweile aus der Forschung. Aber was heißt das konkret? Wie lebt die Enkelgeneration mit dem schrecklichen Erbe ihrer Großeltern? Wie gehen sie mit ihrer jüdischen Identität um? Auf das Thema bin ich beim Lesen eines Interviews mit einer jungen jüdischen Studentin in einer Uni-Zeitung gestoßen: Ihre klaren Worte zum derzeitigen politischen Klima in Österreich haben mich sehr beeindruckt und inspiriert, mehr über diese Generation herauszufinden. Mein besonderes Interesse gilt den Strategien, mit denen man als Enkelin oder Enkel eines Holocaust-Opfers im Land der Täter leben kann: Muss man die Vergangenheit immer wieder ausblenden, um sich hier gut integrieren zu können? Oder ist dieses Erbe ständig im Bewusstsein? Um Antworten auf diese Fragen zu erhalten, werde ich voraussichtlich eine kleine Interview-Serie machen. Meine Arbeit wird also eine Biografieforschung sein und ist generell dem Bereich der Psychologie zuzuordnen. (172 Wörter)

Photovoltaik – wie diese alternative Energiegewinnung funktioniert

Eines der dringendsten Probleme der Menschheit ist die globale Erwärmung und die damit verbundene ökologische Katastrophe. Hauptverursacher des Klimawandels ist die fossile Energiegewinnung, also die Verbrennung von sehr alten Abbauprodukten von toten Tieren und Pflanzen, wie Braunkohle, Steinkohle, Torf, Erdgas und Erdöl. Um den Klimawandel zu bremsen, müssen die Menschen lernen, alternative, erneuerbare Energiequellen zu erschließen. Eine davon ist die Photovoltaik, die bereits 1839 vom französischen Physiker Alexandre Becquerel entdeckt wurde und für deren Erklärung Albert Einstein 1905 den Nobelpreis für Physik bekam. In den letzten Jahren wurde sehr viel Geld in die Entwicklung dieser Energiegewinnungsart gesteckt, da man weltweit davon ausgeht, dass das Potenzial dafür sehr hoch ist. In meiner Arbeit möchte ich erklären, wie Photovoltaik funktioniert, da es unterschiedliche Arten gibt, Sonnenlicht in verwertbare Energie (Elektrizität) umzuwandeln. Ich werde mich also zuerst prinzipiell mit dem photoelektrischen Effekt auseinandersetzen und danach den Unterschied zwischen organischer Photovoltaik und Photovoltaik auf Basis von Siliziumzellen erklären. Ich interessiere mich für das Thema, weil ich seit ca. zwei Jahren Mitglied bei einer Umweltschutzorganisation bin, wo es nicht nur darum geht, Umweltsünden anzuprangern, sondern auch alternative Wege aufzuzeigen. Außerdem kann ich mir vorstellen, nach der Reifeprüfung Physik zu studieren. (196 Wörter)

Abb. 16: Photovoltaik als alternative Energiegewinnung

4

Geheimschriften – die Geschichte der Kryptographie

Die Verschlüsselung von Daten ist im Internetzeitalter eine nicht mehr wegzudenkende Technologie: Täglich werden Millionen von Daten (z. B. Kreditkartendaten) vom Sender richtig eingegeben, auf dem Weg zum Empfänger verschlüsselt und beim Empfänger wieder richtig ausgegeben. Diese Idee, die wir heute Kryptographie nennen, ist so alt wie die Zivilisation: Bereits im alten Ägypten wurden von Geheimgelehrten Schriftsysteme entwickelt, die nur von Eingeweihten entziffert werden konnten. Das Wort Kryptographie setzt sich aus den griechischen Wörtern „kryptós" – verborgen – und „gráphein" – schreiben – zusammen. Das Ziel der Kryptographie ist immer dasselbe: Eine Botschaft soll nur einem bestimmen Leserkreis zugänglich sein, und der Empfänger soll aufgrund der Verschlüsselung wissen, das diese Botschaft nur vom Sender kommen kann. In meiner Arbeit möchte ich der Geschichte dieser faszinierenden Technik auf die Spur kommen: Wann in der Geschichte wurde Kryptographie wie eingesetzt und warum (beispielsweise in Kriegen)? Welche mathematischen Techniken kennen wir heute, um geheime Botschaften zu verschlüsseln? Auf die Idee zu dieser Arbeit bin ich durch einen Fernsehbeitrag über die „Enigma"-Maschine gekommen, die im Zweiten Weltkrieg zur Nachrichtenübermittlung verwendet wurde. Das Spannende an diesem Thema ist, dass es sowohl für die Mathematik interessant ist als auch für die Psychologie. (194 Wörter)

Aufgabe

Formulieren Sie erste Textbausteine und fassen Sie diese Inhalte anschließend in ganzen Sätzen zu einem (Ihrem!) Abstract zusammen.

Was genau ist Ihr Thema? (Je konkreter, desto besser!)

____

____

____

____

Welcher wissenschaftlichen Disziplin könnten Sie es zuordnen bzw. in welchem Unterrichtsfach können Sie damit Ihr Interesse vertiefen?

____

____

____

Wie sind Sie auf das Thema gekommen? (= Was ist Ihr Entdeckungszusammenhang?)

____

____

____

____

Was finden Sie an diesem Thema spannend? (= Was ist Ihr Interessenszusammenhang?)

___

Welche Hypothesen haben Sie dazu bereits gebildet? Welche Vorannahmen leiten Sie?

___

Was ist – ganz grob – der Stand der Wissenschaft zu Ihrem Thema? Was können Sie nach Ihrer ersten oberflächlichen Literaturrecherche bereits sagen?

___

Welche möglichen Fragestellungen bzw. Methoden stecken in diesem Thema?

___

Wollen Sie eine produktive oder eine reproduktive Arbeit schreiben?

___

Arbeitstitel: ___

Und jetzt formulieren Sie Ihr Abstract:

Die Einreichung

Sobald Ihr Abstract fertig ist, können Sie es (mindestens in zweifacher Form) einreichen und auf die Themengenehmigung warten. Die genauen Fristen und der Ablauf der Einreichung wird Ihnen rechtzeitig bekanntgegeben.

! *Das Wichtigste auf einen Blick*

- Für die Themenwahl muss man sich Zeit nehmen: Ein ausgedehntes Brainstorming steht am Anfang jeder vorwissenschaftlichen Arbeit.
- Für das vorwissenschaftliche Arbeiten eignet sich grundsätzlich jedes Thema. Ob es wissenschaftlich ist oder nicht, entscheidet sich erst durch die Fragestellung und die Zugangsweise.
- Ein gutes Thema ist konkret und überschaubar; es lässt sich grob einem wissenschaftlichen Fach zuordnen.
- Hypothesen sind Vorannahmen, Spekulationen und Vermutungen zu einem Thema.
- Ein Abstract ist eine prägnante Zusammenfassung eines wissenschaftlichen Vorhabens bzw. einer (vor-)wissenschaftlichen Arbeit.

Die Forschungsfrage

LERNZIELE Nach dem Durcharbeiten dieses Kapitels

- ... wissen Sie, was eine Forschungsfrage ist und wozu man sie braucht. ☐
- ... kennen Sie alle Kriterien einer guten Forschungsfrage. ☐
- ... haben Sie endgültig entschieden, ob Sie eine produktive oder eine reproduktive Arbeit schreiben wollen. ☐
- ... können Sie eine eigene Forschungsfrage entwickeln. ☐
- ... können Sie dazupassende Unterfragen stellen. ☐
- ... haben Sie alle wichtigen Eckpunkte gesammelt, um Ihr Exposee zu schreiben. ☐
- ... haben Sie sich eine wichtige Basis des wissenschaftlichen Denkens erarbeitet. ☐

Wie Sie bereits erfahren haben, bedeutet wissenschaftliches Arbeiten die absichtliche und systematische Erzeugung von Wissen *(vgl. Kapitel 2)*. Wissen kann aber nur dann absichtlich und systematisch erzeugt werden, wenn am Beginn eine klare Fragestellung steht: Welches Wissen will ich am Ende meiner Forschung erzeugt haben, das mir jetzt noch fehlt? In diesem Kapitel geht es deshalb um die Forschungsfrage als Dreh- und Angelpunkt jeder (vor-)wissenschaftlichen Arbeit. Wissenschaftlich denken zu lernen, heißt nämlich vor allem, gute Fragen formulieren zu können.

Ihre Arbeit dreht sich dann in weiterer Folge weitestgehend „nur" noch um die Beantwortung Ihrer Forschungsfrage!

Eine gute Forschungsfrage

- ... grenzt das Thema so genau ein, dass klar ist, was in ihrem Rahmen beforschbar ist und was nicht.
- ... erzeugt fast automatisch dazupassende Unterfragen.
- ... ist selbstverständlich in Frageform formuliert.
- ... lässt keine Ja-/Nein-Antworten zu, sondern ist offen formuliert.
- ... kann auch beantwortet werden.
- ... ist nicht zu umfassend formuliert.
- ... ist konkret formuliert.
- ... ist nicht in sich widersprüchlich.
- ... nimmt die Antwort nicht vorweg.
- ... kann restlos beantwortet werden.
- ... folgt dem Motto: „Better a lot about a little, than a little about a lot." (Je kleiner die Frage, desto gehaltvoller ihre Beantwortung!)
- ... ist nicht sofort zu beantworten (beispielsweise durch einmaliges Nachschlagen).
- ... hat in einem Satz Platz.
- ... macht Lust aufs Arbeiten.
- ... weist bereits auf die Forschungsmethode bzw. auf die Literaturbearbeitung hin.

5

Tipps

- Gute Forschungsfragen können auch Laien verstehen, also Menschen, die sich mit einer Thematik noch nie auseinandergesetzt haben. Lesen Sie Ihre Forschungsfrage jemandem vor, die oder der keine oder wenig Ahnung von Ihrem Themeninteresse hat. Wenn diese Person sofort versteht, was mit Ihrer Frage gemeint ist, ist das ein erstes Qualitätsmerkmal dafür, ob Sie die Frage gut formuliert haben!
- In jedem Thema stecken immer viele Forschungsfragen. Keine davon ist die „richtige", jede kann gut und sinnvoll sein! Verschwenden Sie deshalb nicht allzu viel Zeit mit dem Warten auf die Inspiration für die ultimative Frage, probieren Sie einfach mehrere Forschungsfragen aus und lassen Sie diese durch den „Filter" der oben angeführten Qualitätskriterien laufen. Sehr bald werden Sie merken, welche Ihrer Fragen sich „richtig für Sie anfühlt" und welche nicht!

Aufgabe

Welche der folgenden Forschungsfragen erfüllt Ihrer Meinung nach alle oben angeführten Kriterien? Warum bzw. warum nicht?

1. Welche Hinweise auf die Türkenkriege finden sich im Ersten Bezirk von Wien? ☒
2. Warum lassen Jugendliche sich piercen? ☐
   zu umfangreich
3. Wie verändert das Internet die Welt? ☐
   zu übergreifend, ungenau
4. Wie wird die Entstehung und Ausbreitung des Ozonloches erforscht? ☒
5. Welches Männlichkeitsbild findet sich in den Kriminalromanen von Wolf Haas? ☒
6. Interessieren sich Teenager für Gesellschaftstänze? ☐
   ja / nein
7. Wie wirbt die Hare-Krishna-Sekte im Internet? ☒
8. Warum war Antonio Salieri der Mörder Wolfgang Amadeus Mozarts? ☐
9. Wie funktionierte der Kalender der Mayas? ☒

Lösung: Gute Forschungsfragen sind: 1, 4, 5, 7, 9.

Grundsätzliche Unterscheidung von Fragetypen

Es können mehrere Fragetypen unterschieden werden. Je nach Art der Forschungsarbeit wird auch ein Fragetyp gewählt; anschließend werden die Fragen dazu beantwortet.

Die wichtigste Unterscheidung lautet, ob es sich um eine produktive oder eine reproduktive Arbeit handeln soll *(vgl. Kapitel 1)*.

- **Fragetyp 1 bei reproduktiven Arbeiten: „Was will ich zeigen?"**

  Forschungsfragen sind hier eher beschreibend und erklärend formuliert und so offen, dass die Antworten eine Art „Darstellung einer Thematik" zulassen. Diese Darstellung wird mithilfe schon vorhandener Literatur bewältigt. Das Erkenntnisziel ist eine umfassende Erklärung und Beschreibung einer Thematik. Wissen soll wiedergegeben werden.

  Beispiel: Wie entstand und entwickelte sich der Mythos vom Vampir?

- **Fragetyp 2 bei produktiven Arbeiten: „Was will ich wissen?"**

  Forschungsfragen sind hier so formuliert, dass sie mithilfe einer Methode *(vgl. Kapitel 8)* zu beantworten sind. Das Erkenntnisziel ist die Produktion von Wissen, das man vorher noch nicht gehabt hat. Wissen soll erzeugt werden.

  Beispiel: Welcher Typ des modernen Vampirs wird in den Romanen „Twilight" und „New Moon" von Stephenie Meyer dargestellt?

5

Forschungsfragen vom Typ 2 (produktive Arbeit) lassen sich wiederum in mehrere „Sorten" unterteilen[1]:

- **Sie können erklärend sein:**

  Warum ist etwas so, wie es ist? Welche Ursachen gibt es für ein bestimmtes Phänomen?
  Beispiel: Welche Gründe gibt es für das sogenannte Komasaufen von Jugendlichen?

- **Sie können beschreibend sein:**

  Wie stellt sich ein Sachverhalt dar? Was ist daran bemerkenswert?

  Beispiel: Wie kommunizieren Bienen?

- **Sie können vorausschauend sein:**

  Wie wird sich etwas entwickeln? Welche möglichen Verläufe kann etwas nehmen?

  Beispiel: Welche neuen Formen von Liebesbriefen entstehen durch Facebook, Twitter & Co.?

- **Sie können bewertend sein:**

  Wie ist etwas einzuordnen? Welche Bedeutung hat ein Phänomen?

  Beispiel: Welche Bedeutung hatte der Erste Weltkrieg für die Beziehung Großbritanniens zu Nordirland?

- **Sie können gestaltend sein:**

  Was müsste passieren, damit sich etwas verändert? Welche Voraussetzungen müssen geschaffen werden, um ein Ziel zu erreichen?

  Beispiel: Welche Bedingungen fördern den Schüleraustausch zwischen Österreich und den USA?

---

1 vgl. http://www.studieren.at/articles/498/1/Beispiele-Fragestellungen-nach-Fragetypen/Seite1.html (dl 5.5.2010, 15:46 Uhr)

5

Aufgabe

Aus welcher der folgenden Forschungsfragen leitet sich eine produktive, aus welcher eine reproduktive Arbeit ab?

Forschungsfrage	Produktive Arbeit	Reproduktive Arbeit
1. Wie entstand das allgemeine Schulwesen in Österreich?		
2. Welche Erzählstruktur haben Bollywood-Filme?		
3. Was wissen wir über die Geigenbauschule des Antonio Stradivari?		
4. Was ist der Unterschied zwischen Röhren- und Diodenlasern?		
5. Wie praktizieren Exil-Tibeterinnen und -Tibeter ihre Religion in Österreich?		
6. Wie wird die Aufklärung über AIDS in den Biologie-Unterricht eingebaut?		

Lösung: 1 = R, 2 = P, 3 = R, 4 = R, 5 = R, 6 = P

SCHRITT 1

Wie kommt man zu einer guten Forschungsfrage?

Um Ihre eigene Forschungsfrage zu formulieren, beginnen Sie zunächst damit, sich Ihr Thema noch einmal vor Augen zu führen. Listen Sie eventuell noch einmal alle Aspekte auf, die Sie daran interessant finden. Beginnen Sie nun, W-Fragen an das Thema zu stellen:

Wer? Was? Wie? Wo? Wann? Warum?

Aus dem folgenden Themenbeispiel könnte man diese Fragen entwickeln:

Thema	Die Graffiti-Szene in Wien
WER-Frage	Wer sind die Protagonistinnen und Protagonisten bzw. die Vorbilder der Graffiti-Szene? Eher Männer oder eher Frauen? Eher jünger oder eher älter? Eher aus unteren oder eher aus oberen sozialen Schichten?
WAS-Frage	Was genau verkörpert Graffiti-Kunst eigentlich? Welche Ideen stecken dahinter? Was bedeuten die einzelnen Formen und Begriffe?
WIE-Frage	Wie arbeiten Graffiti-Künstlerinnen und Künstler? Wird nach Vorlagen gesprayed? Arbeiten sie allein, zu zweit oder in Gruppen? Wie „managen" sie das Risiko der Illegalität? Wie wird man Sprayerin bzw. Sprayer? Wie lernen sie einander kennen? Wie lernt man sprayen?
WO-Frage	Wo werden Graffitis bevorzugt aufgebracht? Wo lernen Sprayerinnen und Sprayer ihr Handwerk?
WANN-Frage	Wann ist Graffiti entstanden? Wann arbeiten Sprayerinnen und Sprayer? Wann ist das Risiko, erwischt zu werden, besonders hoch?
WARUM-Frage	Warum setzen Menschen sich dem gesetzlichen Risiko aus, öffentliche Gebäude mit Graffitis zu verzieren?

Aufgabe

Formulieren Sie so viele Fragen wie möglich rund um Ihr Thema.

Mein Thema	
WER-Fragen	
WAS-Fragen	
WIE-Fragen	
WO-Fragen	
WANN-Fragen	
WARUM-Fragen	

5

SCHRITT 2

Versuchen Sie nun, Ihre vielen Fragen miteinander in Beziehung zu bringen: Welche der Fragen gehören zusammen? Welche „Sammelfragen" könnte man dazu formulieren? Beispiel:

- Wer sind die Protagonistinnen und Protagonisten bzw. Vorbilder der Graffiti-Szene?
- Arbeiten sie allein, zu zweit oder in Gruppen?
- Wo sind sie zu finden?
- Wie lernen sie einander kennen?

↳ Wer sind die Protagonistinnen und Protagonisten der Wiener Graffiti-Szene und wie treten sie miteinander in Kontakt?

- Was genau verkörpert Graffiti-Kunst eigentlich? Welche Ideen stecken dahinter?
- Wann ist Graffiti entstanden?
- Wie lernt man sprayen?
- Was bedeuten die einzelnen Formen und Begriffe?

↳ Wie hat sich Graffiti-Kunst entwickelt und welche wichtigen Strömungen gibt es innerhalb der Szene?

- Wie wird man Sprayerin bzw. Sprayer?
- Wie „managen" Sprayerinnen und Sprayer das Risiko der Illegalität?
- Warum setzen sich Menschen dem gesetzlichen Risiko aus, öffentliche Gebäude mit Graffitis zu verzieren?
- Wann ist das Risiko, erwischt zu werden, besonders hoch?

↳ Aus welchen Gründen werden Menschen zu illegalen Graffiti-Künstlerinnen und -Künstlern und wie lernen sie, mit dem Risiko umzugehen?

Aufgabe

Unterstreichen Sie nun mit unterschiedlichen Farben jene Fragen, die sinnvoll zusammenhängen. Formulieren Sie zu diesen „Frageclustern" zwei bis drei erste Forschungsfragen.

1. ______________________________

2. ______________________________

3. ______________________________

SCHRITT 3

Spätestens jetzt sollten Sie entscheiden, ob Sie eine produktive oder eine reproduktive Arbeit schreiben wollen. Vielleicht hilft es Ihnen bei dieser Entscheidung, Ihre Fragen in Erkenntnisziele umzuwandeln: Welche Art von Erkenntnis wollen Sie am Ende Ihrer Arbeit erreicht haben?

Produktive Arbeit

Was wollen Sie am Ende Ihrer Arbeit herausgefunden haben, was Sie jetzt noch nicht wissen? Beispiel: Ich will wissen, wer hinter der Graffiti-Szene von Wien steckt und wie diese Leute miteinander in Kontakt treten.

Reproduktive Arbeit

Was wollen Sie am Ende Ihrer Arbeit so dargestellt haben, dass ein guter Überblick über Ihre Thematik entstanden ist? Beispiel: Ich will dargestellt haben, wie sich die Graffiti-Kunst entwickelt hat und welche wichtigen Strömungen es innerhalb der Szene gibt.

Aufgabe
Beantworten Sie nun die Fragen zum Erkenntnisziel.

Produktive Arbeit
Was wollen Sie am Ende Ihrer Arbeit herausgefunden haben, was Sie jetzt noch nicht wissen?

____

____

Reproduktive Arbeit
Was wollen Sie am Ende Ihrer Arbeit so dargestellt haben, dass ein guter Überblick über Ihre Thematik entstanden ist?

____

____

SCHRITT 4

Entscheiden Sie sich jetzt für eine der Forschungsfragen.

Gehen Sie davon aus, dass diese Frage sich in den kommenden Tagen und Wochen noch verändern darf und wird. Eine gute Forschungsfrage „reift" im Kopf und kann nicht in fünf Minuten aus dem Hut gezaubert werden.

Aufgabe
Meine Forschungsfrage:

____

____

____

SCHRITT 5

Checkliste: Erfüllt meine Forschungsfrage die wichtigsten Qualitätskriterien?

Ist als offene Frage formuliert (keine Ja-/Nein-Frage)?	☐
Kann mit meinen Mitteln restlos beantwortet werden?	☐
Ist aber nicht sofort zu beantworten bzw. nimmt die Antwort nicht vorweg?	☐
Ist konkret und klein, aber gehaltvoll?	☐
Ist nicht widersprüchlich?	☐
Inspiriert zu weiteren Unterfragen?	☐
Macht Lust anzufangen?	☐

Aufgabe

Wie könnten die jeweiligen Fragestellungen hinter den folgenden Forschungsbeispielen gelautet haben?

1. James Watson und Francis Crick stellten 1953 fest, dass das DNA-Molekül ein dreidimensionaler Doppelstrang in Spiralform ist, in dessen Inneren die vier Basenbausteine immer zu zweit zu finden sind. 1962 erhielten sie für ihre Entdeckung den Nobelpreis für Medizin.

   ____

   ____

   ____

Abb. 17: Die Struktur der DNA

2. Die Wienerin Lise Meitner war eine der ersten großen Physikerinnen der Geschichte. Gemeinsam mit Otto Hahn produzierte sie zahlreiche Untersuchungen zur Radioaktivität, die heute noch als Grundlagen der Kernphysik gelten, unter anderem die Wirkung von radioaktiven Strahlen auf verschiedene Materialien. Lise Meitner erhielt für ihr Werk zahlreiche Ehrungen im In- und Ausland, so z. B. 1947 den Ehrenpreis der Stadt Wien für Wissenschaft.

   ____

   ____

   ____

Abb. 18: Lise Meitner

3. Um 1920 erkannte der Zoologe Karl von Frisch, dass Bienen einander durch bestimmte Arten von Bewegungen (Rundtanz und Schwänzeltanz) Informationen über die Art und Lage ihrer Futterplätze mitteilen können. Erst 1973 wurde er dafür mit dem Nobelpreis geehrt.

   ____

   ____

   ____

Abb. 19: Der Bienentanz

Das Wichtigste auf einen Blick

- Wissen kann nur dann absichtlich und systematisch erzeugt werden, wenn am Beginn der Forschung eine klare Frage steht.
- Gute Forschungsfragen sind eingegrenzt, konkret und beantwortbar.
- Reproduktive Arbeiten drehen sich um die Frage „Was will ich zeigen?“, produktive Arbeiten um die Frage „Was will ich wissen?“
- Die Suche nach einer Forschungsfrage beginnt mit den sechs W-Fragen: Wer? Was? Wie? Wo? Wann? Warum?
- Die Entwicklung einer guten Fragestellung braucht Zeit.

Literatur suchen, finden und bearbeiten

LERNZIELE Nach dem Durcharbeiten dieses Kapitels wissen Sie,

- ... warum und wie Sie Literatur in Ihre Arbeit einbauen. ☐
- ... wie man wissenschaftliche von nicht-wissenschaftlicher Literatur unterscheidet. ☐
- ... wo Sie wissenschaftliche Literatur finden. ☐
- ... nach welchen Kriterien Sie die für Sie passende Literatur finden. ☐
- ... wie Sie Kernliteratur identifizieren. ☐
- ... wie Sie einen roten Faden in der gefundenen Literatur erkennen. ☐
- ... wie Sie auch schwierigere Texte lesen, verstehen und zusammenfassen. ☐
- ... wie Sie die gewonnenen Erkenntnisse in Ihre Arbeit einbauen. ☐
- ... wie die wichtigsten Zitierregeln lauten. ☐

Wozu braucht man überhaupt Literatur?

Das Produzieren von Wissen in der Wissenschaft ist genau geregelt *(vgl. Kapitel 2)*. Neben einer Forschungsfrage bzw. einer anerkannten Methode muss das beforschte Thema an bereits Gedachtes anknüpfen: Die sogenannte Einbindung in den wissenschaftlichen Diskurs, also das Andocken an bestehende Theorien und Ergebnisse, ist eines der wichtigsten Merkmale wissenschaftlicher Arbeiten.

Auch Ihre Arbeit, egal, ob es sich um eine produktive oder eine reproduktive Arbeit handelt *(vgl. Kapitel 1)*, muss sich mit bereits Vorhandenem in der Wissenschaft auseinandersetzen. Da die Wissenschaft ihre Erkenntnisse zum größten Teil in Texten speichert, sprechen wir deshalb von Literaturanbindung.

6

Welche Bedeutung hat nun diese Literatur für Ihre Arbeit? Wir unterscheiden vier Arten von Literaturbearbeitung:

- Um Ihre Forschungsfrage zu erläutern (Um welches Thema geht es? Welche Frage möchte ich zu diesem Thema stellen?) und um zu zeigen, wo im großen Feld der Wissenschaft Sie sich mit Ihrer Frage befinden, skizzieren Sie zunächst grob den aktuellen Wissensstand zu Ihrem Thema. Wenn Sie beispielsweise eine Arbeit über anabole Steroide schreiben wollen, müssen Sie zunächst einen Überblick über den aktuellen Forschungsstand zur Wirkung dieser im Labor hergestellten Hormone zeigen. Wenn Ihr Thema die Kriegsgefangenschaft eines Wehrmachtssoldaten ist, finden Sie heraus, was die Geschichtswissenschaft zu diesem Thema aktuell zu sagen hat.
- Eine weitere mögliche Anbindung an Literatur ergibt sich aus der Definition von Begriffen oder Ideen, die Sie in Ihrer Arbeit verwenden: Wenn Sie z. B. die Frage des „Gewissens" bei einer Arbeit zu „Teenager und Beichte" behandeln, müssen Sie definieren, was die Wissenschaft (in diesem Fall die Theologie) unter „Gewissen" versteht. Hier geht es also nicht nur darum, „neue" oder „unbekannte" Begriffe oder Ideen zu definieren, sondern auch solche, die wir aus dem Alltag kennen, die in der Wissenschaft aber eine ganz andere Bedeutung haben können.
- Wenn Sie eine reproduktive Arbeit schreiben, müssen Sie außerdem Literatur finden, mit der Sie Ihre Forschungsfrage beantworten können. Wenn Sie zum Beispiel fragen: „Was bewirkt die Trauma-Therapie?", suchen Sie unterschiedliche Literatur dazu, um diese Frage aus mehr als einem Blickwinkel beantworten zu können. Schreiben Sie eine Arbeit zur Frage: „Wie wurde das Internet erfunden?", können Sie diese ebenfalls anhand bereits vorhandener Literatur beantworten. Natürlich können Sie auch über literarische Werke eine Arbeit schreiben, z. B. über die Gedichte Ingeborg Bachmanns. Diese nennt man „Primärtexte". Texte von Literaturwissenschaftlerinnen und Literaturwissenschaftlern zu Ingeborg Bachmann heißen „Sekundärliteratur".

- Wenn Sie eine produktive Arbeit schreiben, müssen Sie zum Schluss auch Ihre Ergebnisse erklären. Auch das können Sie mithilfe schon bestehender Theorien. Ergibt sich z. B. aus Ihrer Fragebogenuntersuchung, dass 13-Jährige zu wenig über Verhütungsmethoden wissen, können Sie dieses Ergebnis mithilfe von Literatur erklären.

Achtung: Nicht jede Literatur, die Sie zu Ihrem Thema finden, ist auch wissenschaftlich. Zu vielen Themen werden auch Sachbücher verfasst, in denen zwar nichts Falsches steht, die allerdings nicht den Kriterien der Wissenschaftlichkeit entsprechen. Da Sie in Ihrer vorwissenschaftlichen Arbeit auch lernen sollen, wissenschaftlich zu denken bzw. wissenschaftliche Literatur zu finden und zu bearbeiten *(vgl. Kapitel 1)*, sollte zumindest ein Teil Ihrer verwendeten Literatur wissenschaftlich sein. Wie aber finden Sie heraus, ob ein Text wissenschaftlich ist?

Was unterscheidet wissenschaftliche von nicht-wissenschaftlicher Literatur?

Merkmale wissenschaftlicher Literatur	**Merkmale nicht-wissenschaftlicher Literatur**
Wurde im wissenschaftlichen Kontext erzeugt, also von Wissenschaftlerinnen und Wissenschaftlern verfasst.	Wurde nicht im wissenschaftlichen Kontext erzeugt.
Hält sich an alle Regeln der wissenschaftlichen Textproduktion, knüpft vor allem wiederum an wissenschaftliche Literatur an.	Hält sich nicht an die Regeln wissenschaftlicher Textproduktion.
Behandelt nur wissenschaftlich relevante Themen.	Kann wissenschaftliche Themen behandeln (z. B. populärwissenschaftliche Bücher, Lehrbücher), kann aber auch ganz andere Thematiken behandeln (z. B. Romane, Sachbücher).
(Fast) Jede Publikation ist oder war auch im Buchhandel erhältlich und ist daher in der österreichischen Nationalbibliothek gelistet. Ausnahmen: Unveröffentlichte Diplomarbeiten und Dissertationen bzw. wissenschaftliche Publikationen im Internet.	In diese Kategorie fällt auch die sogenannte „graue Literatur". Das sind Bücher, Zeitschriften, Folder, Prospekte, Websites, Handbücher, Kataloge, Skripten etc., die nicht im Buchhandel verkauft werden, sondern auf anderem Wege an ihre Leserschaft gelangen, z. B. über Vereine und Organisationen. Manche dieser Quellen sind in der österreichischen Nationalbibliothek gelistet, manche nicht.

Wo suche und finde ich wissenschaftliche Literatur?

Bibliotheken

Die Universitätsbibliotheken der österreichischen Universitäten, die österreichische Nationalbibliothek in Wien sowie öffentliche Büchereien und Bibliotheken haben ihre Kataloge online gestellt: So kann man bequem über das Internet Literaturrecherche betreiben.

Universitätsbibliothek Wien	bibliothek.univie.ac.at/literatursuche.html
Universitätsbibliothek Linz	aleph.jku.at
Universitätsbibliothek Salzburg	aleph.sbg.ac.at
Universitätsbibliothek Graz	yorick.uni-graz.at
Universitätsbibliothek Klagenfurt	opac.uni-klu.ac.at
Österreichische Nationalbibliothek	onb.ac.at/kataloge/index.htm
Öffentliche Büchereien und Bibliotheken	bvoe.at/Oeffentliche_Bibliotheken/Adressen/

Internet

Das Internet bietet (scheinbar) unbegrenzte Möglichkeiten, Literatur zu finden. Aber Vorsicht: Nicht jeder im Internet erschienene Artikel ist auch wissenschaftlich; oft werden im Web pseudo-wissenschaftliche Texte online gestellt, die aus gutem Grund nie publiziert worden sind. Eine gute und sichere Quelle sind einschlägige Suchmaschinen, die sich auf das Finden wissenschaftlicher Links spezialisiert haben. Besonders gut eignen sich diese Quellen, um aktuelle Artikel bzw. Arbeiten zu finden, die sowohl in Papierform als auch online publiziert worden sind.

Selbstverständlich können Sie auch über die herkömmliche Internetsuche auf gute Literatur stoßen. Vorsicht ist allerdings bei Seiten geboten, auf denen Studierende ihre Seminararbeiten online zum Verkauf anbieten: Die Qualität dieser Texte ist sehr gering, das Risiko wiederum sehr hoch, Ihnen „Plagiarismus“ (also Abschreiben) nachzuweisen, sollten Sie sich dort größerer Textabschnitte bedienen!

Hier finden Sie ein paar Beispiele für gute wissenschaftliche Suchmaschinen:

- scholar.google.com
- findarticles.com
- www.ingentaconnect.com
- wissenschaftliche-suchmaschinen.de
- scirus.com

Weitere Möglichkeiten

- In gut sortierten Buchhandlungen fragen.
- Betreuende Lehrerin bzw. betreuenden Lehrer fragen, welche Literatur auf jeden Fall Eingang in die Arbeit finden sollte.
- In der Schulbibliothek suchen.
- Schulbücher nach wissenschaftlicher Literatur absuchen.

Schneeballsystem

Hat man ein gutes Buch gefunden, kann das Literaturverzeichnis weiter genutzt werden (usw.).

Aufgabe

Welche drei Quellen werde ich bei meiner Literaturrecherche auf jeden Fall benutzen?

1. ______________________________

2. ______________________________

3. ______________________________

Was mache ich mit der recherchierten Literatur?

Sie haben nun eine ganze Menge Bücher, Zeitschriften und einzelne Artikel recherchiert. Jetzt müssen Sie eine gezielte Auswahl treffen, welche dieser Texte für Ihre Arbeit nützlich sind. Am Ende dieser Phase haben Sie einen kleinen, aber feinen Stapel Kopien auf Ihrem Schreibtisch liegen, mit dem Sie sich in den kommenden Wochen intensiv auseinandersetzen werden.

Wissenschaftliche Texte sind in der Regel nicht leicht zu „verdauen". Da sich wissenschaftliches Denken sehr vom Alltagsdenken unterscheidet, werden oft seltene bzw. neue Begriffe verwendet, anspruchsvolle Theorien entworfen und komplizierte Sachverhalte dargestellt. Wissenschaftliche Literatur liest sich daher nicht wie ein Roman – die Inhalte werden oft erst nach und nach klar. Wissenschaftliches Lesen muss man üben, so wie andere Fähigkeiten auch. Folgende Tipps können Ihnen helfen, auch anstrengende wissenschaftliche Literatur zu „knacken".

SCHRITT 1: Abstracts und Inhaltsverzeichnisse lesen

Zunächst verschaffen Sie sich einen Überblick über die von Ihnen gesammelte Literatur. Konzentrieren Sie sich nochmals auf Ihre Forschungsfrage bzw. Ihre eng abgegrenzte Thematik *(vgl. Kapitel 4 und Kapitel 5)* und entscheiden Sie, welche der in einem Buch bzw. in einer Zeitschrift enthaltenen Kapitel bzw. Artikel für Sie in Frage kommen.

SCHRITT 2: Kopieren

Fertigen Sie von allen diesen Kapiteln und Artikeln Kopien an, damit Sie mit den Texten auch arbeiten können. Vergessen Sie nicht, das Titelblatt und auch das Impressum zu kopieren, damit Sie den Text in weiterer Folge auch immer richtig zuordnen und zitieren können. Da die Angaben auf dem Titelblatt meist nicht ausreichend sind für eine richtige Zitation, sollten Sie immer auch das Impressum kopieren!

Abb. 20: Beim Kopieren das Titelblatt und das Impressum nicht vergessen!

SCHRITT 3: Kursorisch „drüberlesen" („Skimming")

Zunächst einmal überfliegen Sie den Text schnell und erfassen seine hervorstechenden Merkmale: Überschriften, Abbildungen etc. Sie müssen den Text noch nicht im Gesamten verstehen, Sie verschaffen sich damit aber einen ersten Eindruck und Überblick.

SCHRITT 4: Wörter definieren

Lesen Sie nun den Text Wort für Wort durch und markieren Sie alle Fachbegriffe, die neu für Sie sind oder bei denen Sie nicht sicher sind, ob Sie deren Definition wirklich verstehen. Arbeiten Sie dabei ruhig mit Leuchtstift oder Unterstreichungen. (Keine Sorge, wenn Sie viele Markierungen erzeugen: Der Text wird erst nach und nach wirklich Sinn für Sie ergeben.)

Jetzt lesen Sie die Begriffe in (Online-)Lexika nach: Was bedeuten sie? Unterscheiden sie sich von gleichnamigen Begriffen der Alltagssprache? Sind sie selbsterklärend oder nur in ihrem Kontext zu verstehen? Beispielsweise bedeutet das Wort „Artefakt“ laut Lexikon ein „Kunsterzeugnis“, also ein Ding, das nicht natürlich entstanden ist, sondern künstlich erzeugt wurde. Im biologischen Kontext meint es aber etwas gänzlich Anderes, nämlich einen durch äußere Einwirkungen veränderten Befund. In der Informatik wiederum sind mit Artefakten die Endprodukte einer Software-Entwicklung gemeint.

SCHRITT 5: Verstehend lesen

Lesen Sie nun einen Absatz nach dem anderen und versuchen Sie zu verstehen, worum es darin jeweils geht. Fassen Sie jeden Absatz in ein bis zwei Sätzen zusammen.

SCHRITT 6: Intelligent zusammenfassen

Nun lesen Sie den gesamten Text durch. Schreiben Sie unmittelbar danach eine Zusammenfassung mit eigenen Worten: „In diesem Text geht es um ...“ Wenn Sie den Text ein paar Wochen später wieder in die Hand nehmen, können Sie sich sofort wieder an den Inhalt erinnern. Das ist wichtig, weil Literaturstudium und Schreibphase oft ein paar Wochen oder gar Monate auseinanderliegen. Damit Sie nicht jeden Text zweimal durcharbeiten müssen, bereiten Sie ihn jetzt so auf, dass Sie ihn beim Schreiben gleich verwenden können.

SCHRITT 7: Schwerpunkte und Zitate suchen

Markieren Sie nun im Text jene Passagen, die Sie in Ihrer Arbeit verwenden wollen, und zwar entweder als wörtliches Zitat (= wortwörtlich abgeschrieben) oder als sinngemäßes Zitat (= in eigenen Worten zusammengefasst, Fachbegriff „Paraphrase“). Folgende Fragen können dabei behilflich sein:

- Was will die Autorin bzw. der Autor beweisen oder erklären?
- Wie macht sie bzw. er das? Was sind die zentralen Argumente?
- Wie passen die Inhalte zu anderen Texten, die Sie bisher gelesen haben?

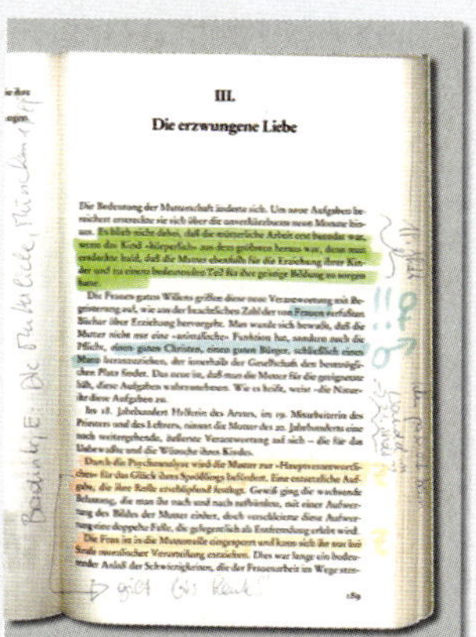

Abb. 21: Literatur muss man sich „erarbeiten“: Benutzen Sie unterschiedliche Leuchtstifte, machen Sie Anmerkungen und bringen Sie Ihre eigene Struktur in den Text hinein.

Wie zitiere ich richtig?

Fremde Texte müssen so zitiert werden, dass sie bei Bedarf jederzeit gefunden und nachgelesen werden können. Damit das möglich ist, hat die Wissenschaft sich auf eine gemeinsame Regelung geeinigt, wie zitierte Bücher, Artikel, Zeitschriften und Internetlinks so gekennzeichnet werden, dass jede Leserin und jeder Leser den Originaltext jederzeit nachrecherchieren kann. Grundsätzlich unterscheiden wir zwei Zitationsformen: die deutsche (auch „Chicago Style“ genannt) und die amerikanische Zitation (auch „Harvard Style“ genannt).

Die wichtigsten Zitierregeln im Überblick

Deutsche Zitation

Merkmale der deutschen Zitierweise

Eine hochgestellte Zahl oder ein hochgestelltes Zeichen am Ende des Zitats verweist auf eine Fußnote, in der dann die Quelle des Zitates genannt wird.

Amerikanische Zitation

Merkmale der amerikanischen Zitierweise

Im Text wird ein Klammerausdruck eingebaut, in dem der Nachname der Autorin bzw. des Autors, das Erscheinungsjahr und gegebenenfalls die Seite des Werkes genannt werden.

Zitieren kann man:

wörtlich

Wörtliches Zitieren

Ein wörtliches Zitat muss dem Originaltext vollkommen gleichen, auch wenn die Rechtschreibung veraltet ist oder Formulierungen eigenartig klingen. Wörtliches Zitieren ist sinnvoll, wenn Ihnen nicht nur das Was (Inhalt), sondern auch das Wie (Formulierung) wichtig genug erscheint. Ein wörtliches Zitat wird kursiv gesetzt und immer mit Anführungszeichen versehen. Werden innerhalb eines Zitates Textteile ausgelassen, wird das folgendermaßen gekennzeichnet: [...]. Ist das Zitat länger als ein Satz, wird es zusätzlich im Text eingerückt, allerdings nicht kursiv gesetzt.

sinngemäß

Sinngemäßes („paraphrasiertes“) Zitieren

Ein sinngemäßes Zitat ist dann sinnvoll, wenn es vor allem um den Inhalt einer Aussage geht, die auch durch eine andere Formulierung nicht verändert wird. Damit klar ist, dass der Gedanke, den Sie sinngemäß zitieren, nicht von Ihnen stammt, können Sie den Namen der Autorin bzw. des Autors in Ihre Formulierung einbauen, z. B.: „In Anlehnung an Umberto Eco ist Wissenschaft auch eine Kunstform.“, oder: „Stephen Hawking beschreibt dieses Phänomen folgendermaßen: ...“ Ein sinngemäßes Zitat wird nicht mit Anführungszeichen versehen, sondern fügt sich als normaler Satz oder Absatz in den Text ein. Am Ende dieses Satzes oder Absatzes kennzeichnen Sie diesen durch die Zitation. Achtung: Egal, ob deutsch oder amerikanisch zitiert wird, vor dem Namen der Autorin bzw. des Autors wird hier immer „vgl.“ (= „vergleiche“) eingefügt!

Beispiel für wörtliches Zitieren mit deutscher Zitierweise

Einer der wichtigsten Autorinnen und Autoren zum Thema wissenschaftliches Arbeiten, Umberto Eco, vergleicht das Zitieren mit der Zeugenaussage in einem Gerichtsprozess:

> „Zitieren ist wie in einem Prozeß etwas unter Beweis stellen. Ihr müßt die Zeugen immer beibringen und den Nachweis erbringen können, daß sie glaubwürdig sind. Darum muß die Verweisung *ganz genau* sein (man zitiert keinen Autor, ohne das Buch und die Seite des Zitats anzugeben), und sie muß von jedermann *kontrolliert* werden können.“ [1]

Ob der Beweis, den man in seiner Arbeit erbringen will, glaubwürdig ist oder nicht, hängt also unter anderem von den „Zeugen“ ab, die man dazu heranzieht.

---

[1] Eco, Umberto: Wie man eine wissenschaftliche Abschlußarbeit schreibt. Doktor-, Diplom- und Magisterarbeit in den Geistes- und Sozialwissenschaften. (13. Auflage) facultas, wuv: Wien 2010, S. 204

Beispiel für wörtliches Zitieren mit amerikanischer Zitierweise

Einer der wichtigsten Autorinnen und Autoren zum Thema wissenschaftliches Arbeiten, Umberto Eco, vergleicht das Zitieren mit der Zeugenaussage in einem Gerichtsprozess:

> „Zitieren ist wie in einem Prozeß etwas unter Beweis stellen. Ihr müßt die Zeugen immer beibringen und den Nachweis erbringen können, daß sie glaubwürdig sind. Darum muß die Verweisung *ganz genau* sein (man zitiert keinen Autor, ohne das Buch und die Seite des Zitats anzugeben), und sie muß von jedermann *kontrolliert* werden können.“ (Eco 2010: S. 204)

Ob der Beweis, den man in seiner Arbeit erbringen will, glaubwürdig ist oder nicht, hängt also unter anderem von den „Zeugen“ ab, die man dazu heranzieht.

Beispiel für sinngemäßes Zitieren mit deutscher Zitierweise

Einer der wichtigsten Autorinnen und Autoren zum Thema wissenschaftliches Arbeiten, Umberto Eco, vergleicht das Zitieren mit der Zeugenaussage in einem Gerichtsprozess: Je glaubwürdiger die Zeugen sind – und diese Glaubwürdigkeit erreicht man unter anderem durch richtiges Zitieren –, desto eher wird die eigene Arbeit auch als glaubwürdig erachtet werden. Das gelingt aber nur, wenn die Zeugenaussagen (also die Zitate) auch ausreichend dokumentiert (also zitiert) werden. [2]

---

[2] vgl. Eco, Umberto: Wie man eine wissenschaftliche Abschlußarbeit schreibt. Doktor-, Diplom- und Magisterarbeit in den Geistes- und Sozialwissenschaften. (13. Auflage) facultas, wuv: Wien 2010, S. 204

Beispiel für sinngemäßes Zitieren mit amerikanischer Zitierweise

Einer der wichtigsten Autorinnen und Autoren zum Thema wissenschaftliches Arbeiten, Umberto Eco, vergleicht das Zitieren mit der Zeugenaussage in einem Gerichtsprozess: Je glaubwürdiger die Zeugen sind – und diese Glaubwürdigkeit erreicht man unter anderem durch richtiges Zitieren –, desto eher wird die eigene Arbeit auch als glaubwürdig erachtet werden. Das gelingt aber nur, wenn die Zeugenaussagen (also die Zitate) auch ausreichend dokumentiert (also zitiert) werden. (vgl. Eco 2010: S. 204)

6

Buch, Zeitschrift oder Internet?

Je nachdem, aus welcher Quelle der Text stammt, gibt es noch weitere feine Unterschiede beim Zitieren. Doch die wichtigste Regel lautet: Egal, für welche Form des Zitierens Sie sich entscheiden, bleiben Sie während der ganzen Arbeit dabei!

Deutsche Zitation	**Amerikanische Zitation**
Zitieren aus Büchern	**Zitieren aus Büchern**
▪ Nachname, Vorname der Verfasserin bzw. des Verfassers ▪ Bis zu drei Verfasserinnen und Verfasser werden komplett ausgeschrieben, bei mehr als drei wird nur die bzw. der erste genannt, dann: „u. a." ▪ Titel des Buches ▪ Untertitel des Buches ▪ Es kann auch die Auflagennummer angegeben werden (dann aber immer!). ▪ Es kann auch der Verlag angegeben werden (dann aber immer!). ▪ Der Verlagsort bzw. die Verlagsorte ▪ Erscheinungsjahr ▪ Seitenangabe *Beispiel:* Huber, Heinz: So wirst du Magister. Einfach, zügig, richtig. Wien 2010, S. 10 *Beispiel:* Huber, Heinz: So wirst du Magister. Einfach, zügig, richtig. (4. Auflage) Huberverlag: Wien 2010, S. 10	▪ Nachname der Verfasserin bzw. des Verfassers ▪ Erscheinungsjahr ▪ Seitenangabe ▪ Hat dieselbe Autorin bzw. derselbe Autor im selben Jahr mehrfach publiziert, ist die Quelle zusätzlich durch Buchstaben zu identifizieren. *Beispiel:* (Huber 2010: S. 10) *Beispiel:* (Huber 2010b: S. 44) *Anmerkung: Gültig ist auch folgende Variante:* (Huber, 2010, S. 10)
▪ Handelt es sich um einen Sammelband, also um ein Buch, in dem mehrere Autorinnen und Autoren zu einem Thema vereint sind, muss die Herausgeberin bzw. der Herausgeber ebenfalls angegeben werden. ▪ Autorin bzw. Autor, Titel und Seitenangabe des Artikels, falls in diesem Buch mehrere Autorinnen und Autoren vorkommen. *Beispiel:* Meier, Minna: „Schreiben ist keine Hexerei", in: Lustig, Lorenz (Hg.): Wissenschaftliches Arbeiten in Österreich. Wien 2009 (S. 35–49), S. 37	▪ Handelt es sich um einen Sammelband, also um ein Buch, in dem mehrere Autorinnen und Autoren zu einem Thema vereint sind, muss der Nachname der Autorin bzw. des Autors des Artikels angegeben werden. *Beispiel:* (Meier 2009: S. 37)
▪ Wird eine Quelle mehrfach zitiert, so genügt ab dem zweiten Mal die Nennung der Verfasserin bzw. des Verfassers mit dem Hinweis „a. a. O." (am angeführten Ort) und der Seitenangabe. *Beispiel:* Huber, Heinz (a. a. O.), S. 14	▪ Wird eine Quelle mehrfach zitiert, ändert das nichts an der Zitation. *Beispiel:* (Meier 2009: S. 43)

▪ Zieht sich ein Zitat (wörtlich oder singgemäß) über mehr als eine Seite, so ist nach der Seitenangabe „f." bzw. bei mehreren Seiten „ff." einzufügen. *Beispiel:* Huber, Heinz: So wirst du Magister. Einfach, zügig, richtig. Wien 2010, S. 10 f.	▪ Zieht sich ein Zitat (wörtlich oder singgemäß) über mehr als eine Seite, so ist nach der Seitenangabe „f." bzw. bei mehreren Seiten „ff." einzufügen. *Beispiel:* (Huber 2010: S. 10 f.)
▪ Im Literaturverzeichnis steht dasselbe, nur ohne Seitenangabe: *Beispiel:* Huber, Heinz: So wirst du Magister. Einfach, zügig, richtig. Wien 2010 Meier, Minna: „Schreiben ist keine Hexerei", in: Lustig, Lorenz (Hg.): Wissenschaftliches Arbeiten in Österreich. Wien 2009 (S. 35–49)	▪ Im Literaturverzeichnis steht dasselbe wie in der deutschen Zitation: *Beispiel:* Huber, Heinz: So wirst du Magister. Einfach, zügig, richtig. Wien 2010 Meier, Minna: „Schreiben ist keine Hexerei", in: Lustig, Lorenz (Hg.): Wissenschaftliches Arbeiten in Österreich. Wien 2009 (S. 35–49)
Zitieren aus Zeitschriften	**Zitieren aus Zeitschriften**
▪ Nachname, Vorname der Verfasserin bzw. des Verfassers ▪ Titel des Artikels ▪ Name der Zeitschrift ▪ Nummer des Jahrgangs ▪ Erscheinungsjahr ▪ Nummer des Bandes ▪ Seitenangabe *Beispiel:* Einfach, Erwin: „Was heißt wissenschaftliches Arbeiten?", in: Studium für alle, 20 (2002) 4, (S. 34–50), S. 38	▪ Nachname der Verfasserin bzw. des Verfassers ▪ Erscheinungsjahr ▪ Seitenangabe *Beispiel:* (Einfach 2002: S. 38)
Zitieren von Beiträgen aus dem Internet	**Zitieren von Beiträgen aus dem Internet**
▪ Nachname, Vorname der Autorin bzw. des Autors ▪ Titel des Artikel ▪ URL ▪ Downloaddatum und -uhrzeit (dl) ▪ Wenn es eine Seitenangabe gibt, z. B. in PDFs, diese immer nennen. *Beispiel:* Einfach, Erwin: „Was heißt wissenschaftliches Arbeiten?", in: www.einfacherwin.at/pdf (dl 1. 10. 2010, 22:34 Uhr), S. 12	▪ Nachname der Autorin bzw. des Autors ▪ Downloadjahr ▪ Seite (wenn PDF paginiert) ▪ Hinweis auf das Internet *Beispiel:* (Einfach 2010: S. 12 [ONLINE])
▪ Wenn es keine Autorin bzw. keinen Autor gibt, ist die Quelle mit Vorsicht zu behandeln. ▪ Immer die URL direkt vom Bildschirm abschreiben, egal, wie lang oder kompliziert sie ist! ▪ Internet-Texte immer gleich ausdrucken, da URLs oft über Nacht verschwinden. ▪ Im Literaturverzeichnis werden Online-Quellen gesondert angeführt. *Beispiel:* Online-Quellen: Einfach, Erwin: „Was heißt wissenschaftliches Arbeiten?", in: www.einfacherwin.at/pdf (dl 1. 10. 2010, 22:34 Uhr)	▪ Im Literaturverzeichnis wird die Online-Quelle wie in der deutschen Zitation angegeben. *Beispiel:* Online-Quellen: Einfach, Erwin: „Was heißt wissenschaftliches Arbeiten?", in: www.einfacherwin.at/pdf (dl 1. 10. 2010, 22:34 Uhr)

6

Lese- und Zitierübung

Lesen Sie sich den folgenden Text genau durch und bearbeiten Sie dann die Aufgaben.

Aber muß man denn immer Bücher lesen? Und in welcher Reihenfolge?

[...] Aber schreibt man die Abschlußarbeit wirklich immer über Bücher und mit Büchern? Wir haben schon gesehen, dass es auch auf Experimenten beruhende Arbeiten gibt, in denen Feldforschungen dargestellt werden, die möglicherweise darin bestanden, daß über Monate hinweg das Verhalten eines Mäusepärchens im Labyrinth beobachtet wurde. Zu dieser Arbeit kann ich keine präziseren Ratschläge geben, denn die Methode hängt hier vom Fach ab, und wer solche Untersuchungen macht, verbringt normalerweise sein Leben schon im Labor, hat Kontakt mit anderen Forschern und braucht dieses Buch nicht. Das einzige, was ich weiß, ist, daß, wie schon gesagt, auch bei Arbeiten dieser Art das Experiment sich in einen Rahmen einfügen muß, der durch die Diskussion in der schon erschienenen Literatur gebildet wird, und daß man es darum auch dort fast immer mit Büchern zu tun hat.

Gleiches würde für eine soziologische Arbeit gelten, für die der Kandidat sich lange Zeit mit Vorgängen in der Wirklichkeit beschäftigen müßte. Auch hier brauchte man Bücher, und sei es nur, um zu lernen, wie ähnliche Untersuchungen schon gemacht wurden. Es gibt Arbeiten, für die man Zeitungen oder Parlamentsprotokolle durchsehen muß, aber auch für sie bilden Bücher den Hintergrund.

Und schließlich gibt es jene Arbeiten, in denen nur von Büchern die Rede ist, wie etwa die aus den Fächern Literatur, Philosophie, Wissenschaftsgeschichte, Kirchenrecht oder formale Logik. Und an der italienischen Universität, speziell in den Geisteswissenschaften, bilden sie die Mehrzahl. Auch deshalb, weil ein amerikanischer Student, der sich mit Kulturanthropologie beschäftigt, die Indianer vor der Haustür hat oder doch das Geld herkriegt, um im Kongo seine Untersuchungen zu machen, während der italienische Student sich eher darauf beschränkt, eine Arbeit über das Denken Franz Boas zu schreiben. Natürlich gibt es auch, und immer mehr, gute ethnologische Arbeiten, die sich mit der Wirklichkeit unseres Landes beschäftigen, aber auch bei ihnen spielt die Arbeit in der Bibliothek immer eine Rolle, und sei es nur, um über die einschlägige Literatur auf dem laufenden zu sein.

Dieses Buch jedenfalls hat, aus leicht verständlichen Gründen, jene Arbeiten zum Gegenstand, die über Bücher und hauptsächlich mit Büchern geschrieben werden. Dabei ist jedoch daran zu erinnern, dass eine „Bücher-Arbeit" mit zwei Arten von Büchern zu tun hat: Die Bücher, *über die* man schreibt, und die Bücher, *mit deren Hilfe* man schreibt. Anders ausgedrückt: Es gibt Texte, die Gegenstand der Untersuchung sind, und die Literatur über diese Texte. [...] Wir müssen darum die untersuchten Primärtexte und die Sekundärliteratur auseinanderhalten.

Nun stellt sich natürlich noch die folgende Frage: Beschäftigt man sich zuerst mit den Texten, oder geht man zuerst die Sekundärliteratur durch? [...]

Die vernünftigste Antwort scheint mir die folgende: Zunächst sich zwei oder drei Texte der Sekundärliteratur, möglichst allgemeine, vornehmen, um Klarheit über den Hintergrund zu gewinnen, vor dem er sich bewegt; dann den Autor selbst angehen, um zu verstehen, was er sagt; dann den Rest der Sekundärliteratur prüfen; schließlich zum Autor zurückkehren, um ihn im Licht der neu erworbenen Kenntnisse zu untersuchen. Aber das ist ein sehr theoretischer Rat. Jeder arbeitet auch nach seinem persönlichen Rhythmus und seinen persönlichen Wünschen, und „Durcheinanderessen" muß nicht zu Verdauungsbeschwerden führen. Man kann auch im Zick-Zack vorgehen und verschiedene Ziele anvisieren. Vorausgesetzt, ein enges Netz von Aufzeichnungen, möglichst in Form von Karteikarten, hält das Ergebnis dieser „abenteuerlichen" Sprünge zusammen.

Eco, Umberto: Wie man eine wissenschaftliche Abschlußarbeit schreibt. Doktor-, Diplom- und Magisterarbeit in den Geistes- und Sozialwissenschaften. (13. Auflage) facultas, wuv: Wien 2010, S. 136 ff. (Text in alter Rechtschreibung)

1. Worum geht es in diesem Text? ______________________________

____

____

____

2. Was will der Autor beweisen oder erklären? ______________________________

____

____

____

3. Was sind seine zentralen Argumente? ______________________________

____

____

____

4. Zitieren Sie ein zentrales Argument einmal wörtlich, einmal sinngemäß, jeweils mit der richtigen Zitation (entweder deutsch oder amerikanisch).

Wörtliches Zitat mit deutscher Zitierweise: ______________________________

____

____

____

Sinngemäßes Zitat mit amerikanischer Zitierweise: ______________________________

____

____

____

6

Wie setze ich eine Bildunterschrift?

Die Herkunft von Abbildungen muss genauso „zitiert" werden wie fremde Texte. Wenn Sie das über eine Funktion im Textverarbeitungsprogramm machen, sortieren sich die Abbildungen automatisch im Text. Abbildungen sollten immer mittig gesetzt werden und mit der Beschriftung eine Einheit bilden. Die Beschriftung sollte deshalb in die Zeile unter der Abbildung gesetzt werden und Folgendes beinhalten:

- Nummer der Abbildung
- Titel der Abbildung
- Quelle der Abbildung

Achtung: Ganz am Ende der Arbeit, nach dem Literaturverzeichnis, müssen Sie auch ein Abbildungsverzeichnis erstellen, in dem Sie die Abbildungen mit den Quellen in der Reihenfolge ihres Erscheinens auflisten!

Abb. 22: Umberto Eco (Alamy/vario images/ Ulrich Baumgarten)

Wie lege ich ein Literaturverzeichnis (eine „Bibliografie") an?

Am Ende Ihrer Arbeit führen Sie nochmals alle Texte, Bücher und Quellen an, die Sie verwendet haben.

- Alphabetisch: Wenn eine Autorin oder ein Autor mehrmals vorkommt, wird das älteste Werk zuerst gereiht, dann das zweitälteste usw.
- Es gelten dieselben Regeln wie für die deutsche Zitation *(siehe S. 68 f.)*.
- Bibliografieren von „grauer Literatur": Nachname, Vorname: Titel. Beschreibung der Art der Schrift (Name der Organisation bzw. Institution, Mitarbeiterinnen und Mitarbeiter usw.), Erscheinungsort (evtl. Bezugsadresse), Erscheinungsjahr.
- Internet-Quellen werden gesondert aufgelistet und gekennzeichnet.

!

Das Wichtigste auf einen Blick

- Sich auf schon bestehende wissenschaftliche Literatur zu einem Thema zu beziehen, ist eines der wichtigsten Kriterien einer vorwissenschaftlichen Arbeit.
- Nicht jeder Fachtext zu einem Thema ist auch wissenschaftlich.
- Intelligente Literaturrecherche geht immer von sehr engen Suchbegriffen aus, die sich aus der eigenen Forschungsfrage ergeben.
- Wissenschaftliche Texte muss man sich Schritt für Schritt erarbeiten.
- Richtig zitieren heißt, sich an vorgegebene Regeln zu halten und vor allem genau zu sein.

Das Exposee (und andere wissenschaftliche Textsorten)

LERNZIELE Nach dem Durcharbeiten dieses Kapitels
- ... wissen Sie, was ein Exposee ist. ☐
- ... können Sie Ihr Exposee entwickeln. ☐
- ... können Sie das Exposee von anderen Textarten unterscheiden. ☐
- ... haben Sie Ihre vorwissenschaftliche Arbeit im Wesentlichen entwickelt und müssen sie nur noch ausarbeiten. ☐

Wissenschaftliche Texte und andere Textsorten

Wie wir in *Kapitel 2* gesehen haben, werden wissenschaftliche Texte nach ganz bestimmten Regeln erzeugt:

- Wissenschaftliche Texte speichern den Prozess der Wissensproduktion in schriftlicher Form ab.
- Dieses Wissen wurde absichtlich und systematisch erzeugt.
- Die Textproduktion unterliegt bestimmten Regeln.

Wissenschaftliche Texte können kurz oder lang sein, beurteilt werden oder nicht, bei einem Verlag erscheinen oder an einer Hochschule eingereicht werden: Wissenschaftliche Texte sind beispielsweise der Artikel, das Buch, die Diplomarbeit, die Dissertation, die Habilitation, die Seminararbeit oder die vorwissenschaftliche Arbeit.

Rund um diese wissenschaftlichen Texte gibt es noch eine ganze Menge von Textarten, die zwar im wissenschaftlichen Kontext erzeugt werden, aber nicht den Regeln der wissenschaftlichen Textproduktion entsprechen. Im Folgenden finden Sie einige Textsorten, die oft in Bezug zur wissenschaftlichen Textproduktion genannt werden[1]. Übrigens, Studierfähigkeit heißt auch, diese Fachbegriffe richtig einordnen zu können.

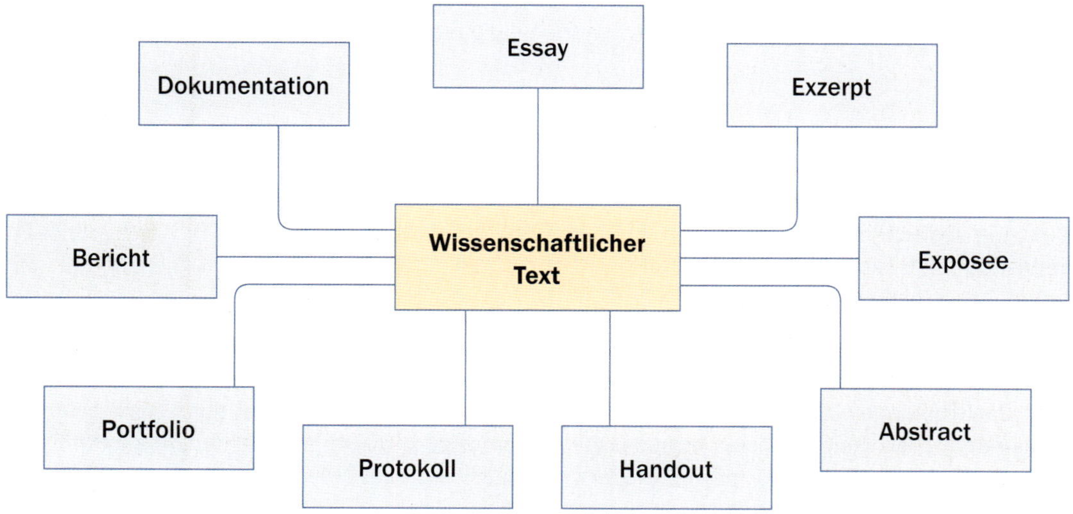

Abb. 23: Textarten rund um „echte“ wissenschaftliche Texte

[1] vgl. http://home.ph-freiburg.de/jaegerfr/Index/glossar.htm (dl 3.6.2010, 12:34 Uhr)

Abstract: Das Abstract ist eine kurze Zusammenfassung eines Vorhabens oder eines Textes, ähnlich dem Klappentext bei einem Buch. Wissenschaftliche Abstracts können entweder „ex ante“ geschrieben werden, also vor der Erstellung eines wissenschaftlichen Textes, oder „ex post“, also danach. Abstracts werden in wissenschaftlichen Zeitschriften vor oder nach jeden Artikel gestellt, um den Inhalt auf einen Blick anzubieten. Ein Abstract kann auch die erste Skizze zu einem wissenschaftlichen Vorhaben sein. Genaueres zum Abstract findet sich in *Kapitel 4*.

Bericht: Ein Bericht informiert und legt in der Regel Rechenschaft darüber ab, wer was mit welchem Ziel in welchem Zeitraum mit welchem Ergebnis gemacht hat. Typische Elemente eines Berichts sind Situationsanalyse, Chronologie der Tätigkeit, Darstellung der Ergebnisse, Dokumentation. Beispiele dafür sind Geschäftsberichte, Forschungsberichte, Werkstattberichte, Laborberichte.

Dokumentation: Eine Dokumentation ist eine Sammlung, Ordnung und Bereitstellung von Dokumenten; das kann auch ein kommentarloser Abdruck von Dokumenten sein.

Essay: Ein Essay ist eine kürzere Abhandlung über einen wissenschaftlichen Gegenstand oder über eine aktuelle Frage des geistigen, kulturellen oder sozialen Lebens in geistreicher und ästhetisch anspruchsvoller Form. Charakteristisch dafür ist die bewusste Subjektivität der Darstellung.

Exzerpt: Ein Exzerpt ist ein Auszug bestimmter Aspekte oder des Wesentlichen eines Buches oder Aufsatzes in eigenen Worten oder wortwörtlich zum Zweck des Lernens. Es war das wichtigste Verfahren früherer Wissenschaft, als es noch keine Kopiergeräte gab.

Handout: Der Begriff steht für alle Papiere, Materialien, Zettel usw., die in Lehrveranstaltungen ausgegeben werden. Ein Handout ist auch ein Begleitpapier zu einem Referat: Darauf sind in Stichworten die wichtigsten Inhalte gegliedert *(vgl. Kapitel 10)*.

Portfolio: Ein Portfolio ist eine Dokumentation von erarbeitetem Wissen; es ist gekennzeichnet durch die Reflexion und Evaluation der eigenen Person, der Lerninhalte sowie der Lernerfahrungen. Es ist eine Art „Lernbiografie“, entweder zu einem bestimmten Thema, in einem bestimmten Fach oder für eine bestimmte Person *(vgl. Kapitel 3, Projektprotokoll)*.

7

Protokoll: Ein Protokoll ist eine Niederschrift einer Verhandlung, einer Diskussion oder eines Ereignisses im Verlauf (Verlaufsprotokoll) oder im Ergebnis (Ergebnisprotokoll).

Was ist ein Exposee und wozu ist es gut?

Eine wichtige Textart im wissenschaftlichen Zusammenhang ist das Exposee. Das Wort kommt aus dem Französischen und bedeutet „Entwurf“. (Im Englischen wird dafür meist das Wort „Proposal“ verwendet.) Ein Exposee ist so etwas wie der Bauplan oder Rahmen einer (vor-)wissenschaftlichen Arbeit. Alle wichtigen Eckpunkte werden darin schon vorweggenommen, ohne sie im Detail zu beschreiben.

Ein Exposee dient daher sowohl als Planungsgrundlage für Sie als Verfasserin bzw. Verfasser als auch als Grundlage einer ersten Bewertung durch die Betreuerin bzw. den Betreuer: Geht die Arbeit in die richtige Richtung? Können Aufbau und Inhalt prinzipiell abgesegnet werden? Wenn Ihr Exposee von Ihrer Betreuerin bzw. Ihrem Betreuer grundsätzlich für gut befunden wurde, kann die Arbeit selbst eigentlich nicht mehr schiefgehen!

Da in der Wissenschaft Forschungsgelder eine immer wichtigere Rolle spielen und diese schon vor Beginn eines Forschungsprojektes organisiert werden müssen, sind Exposees übrigens in den letzten Jahren zu enormer Bedeutung gelangt: Denn die Qualität des Exposees entscheidet oft darüber, ob ein Projekt gefördert wird oder nicht.

Wie ist ein Exposee aufgebaut?

Aufbau und Inhalt eines Exposees können je nach wissenschaftlicher Disziplin und nach Betreuerin bzw. Betreuer variieren. Ein Exposee einer vorwissenschaftlichen Arbeit sollte im Großen und Ganzen Folgendes beinhalten:

WAS will ich WARUM und WIE ausgehend von WELCHER LITERATUR in meiner Arbeit darstellen?

WAS?
Im ersten Teil des Exposees skizzieren Sie zunächst ganz grob Ihr Thema und geben an, welcher wissenschaftlichen Disziplin Sie es zuordnen würden. Außerdem geben Sie einen allerersten Einblick in den aktuellen Forschungsstand zu Ihrem Thema: Was sind die ein bis zwei wichtigsten Aussagen der Wissenschaft zu Ihrem Thema?

Beispiel

In meiner Arbeit beschäftige ich mich mit synthetischen Drogen, die überall in der westlichen Welt auf dem Vormarsch sind, und im Speziellen mit der Substanz „Ecstasy". Diese Droge, die bereits 1912 erfunden wurde, ist ein Methylendioxymethamphetamin, das künstlich, also im Labor hergestellt wird und von der Weltgesundheitsorganisation 1985 verboten wurde, da ihr Konsum sehr schwere gesundheitliche Folgen haben kann. Ecstasy ist eine Droge, die den Appetit und das Schlafbedürfnis unterdrückt und euphorische Gefühle hervorruft, deshalb wird es auch als „Partydroge" bezeichnet. Neueste wissenschaftliche Untersuchungen gehen davon aus, dass 2,2 % der 12- bis 16-Jährigen diese Droge schon einmal eingenommen haben – jeder 50. Jugendliche hat also bereits Erfahrung mit Ecstasy. Mit 4 % stehen die 17- bis 40-Jährigen an der Spitze der Personen, die schon einmal Ecstasy probiert haben. Der Anteil der Frauen und Männer, die Ecstasy konsumieren, ist relativ gleich. Die Konsumentinnen und Konsumenten gehen entweder noch zur Schule, studieren oder haben einen höheren Schulabschluss (Fischer/Krieger 1998). Die wissenschaftliche Auseinandersetzung mit Ecstasy findet interdisziplinär statt, da sich sowohl die Chemie als auch die Medizin, die Soziologie, die Pädagogik und die Rechtswissenschaften damit befassen. Mein Hauptaugenmerk gilt dem Bereich der Medizin, und hier vor allem den Fragen, wie Ärztinnen und Ärzte mit „Ecstasy-Opfern" umgehen, welche Langzeitschäden von dieser Droge zu erwarten sind und wie in Österreich Prävention betrieben wird. Denn die negativen Auswirkungen von Ecstasy können sowohl „Horrortrips" sein, also alptraumartige Wahnzustände, als auch eine Schädigung der Leber- und Nierenfunktion bis hin zu einem tödlichen Kollaps.

WARUM?
Danach legen Sie Ihren Entdeckungs- und Interessenszusammenhang offen. Wie sind Sie auf das Thema gekommen? Was genau finden Sie daran spannend? Welche Annahmen bzw. Hypothesen haben Sie bisher dazu entwickelt?

Beispiel

Auf die Spur dieses Themas bin ich durch einen Vortrag gekommen, der an unserer Schule von einem Mitarbeiter einer Drogenberatungsstelle gehalten wurde. Darin wurde uns sehr drastisch vor Augen geführt, welche Folgen so ein „harmloser Partyspaß" haben kann. Besonders interessant fand ich, dass die Medizin der Entwicklung dieser Droge ständig hinterherhinkt: Dadurch, dass ständig neue chemische Substanzen in illegalen Drogenküchen hergestellt werden, die zwar ecstasy-ähnlich, aber in ihrer chemischen Zusammensetzung sehr unterschiedlich sind, verändert sich auch die Wirkungsweise der Droge. Wenn jemand mit „typischen" Symptomen in ein Krankenhaus eingeliefert wird, muss also zuerst geklärt werden, was genau und wie viel sie bzw. er eingenommen hat, um dann schnell reagieren zu können. Da ich davon ausgehe, dass die meisten Ärztinnen und Ärzte in einem Rettungswagen oder in einer Notfallambulanz sich nicht ständig mit dem neuesten Stand der Drogenforschung auseinandersetzen (können), interessiert es mich, wie man mit einem akuten Ecstasy-Opfer umgeht. Da ich vorhabe, nach der Reifeprüfung Medizin zu studieren, finde ich das Thema besonders spannend.

Diese ersten beiden Teile des Exposees entsprechen im Wesentlichem Ihrem Abstract, das Sie ja bereits zusammen mit Ihrem Arbeitstitel eingereicht haben *(vgl. Kapitel 4)*.

WIE?
WELCHE LITERATUR?
Jetzt entwickeln Sie Ihre Forschungsfrage: Was genau wollen Sie am Ende der Arbeit herausgefunden bzw. dargestellt haben? Damit legen Sie auch fest, ob Sie eine produktive oder eine reproduktive Arbeit schreiben wollen. Wenn Sie eine reproduktive Arbeit schreiben, skizzieren Sie kurz die Literatur, anhand derer Sie Ihre Frage beantworten wollen. Wenn Sie eine produktive Arbeit schreiben, legen Sie fest, wie Sie Ihre Untersuchung anlegen wollen. Natürlich dürfen Sie, falls Sie schon so weit sind, auch bereits Ihre Methode genauer ausführen (also z.B. einen Interviewleitfaden skizzieren). Außerdem geben Sie noch einen kurzen Einblick, welche wissenschaftliche Literatur Sie verwenden wollen bzw. bereits bei Ihrer Recherche gefunden haben. Und Sie geben einen kleinen Ausblick, wie Sie Ihre Arbeit aufbauen werden: Wenn Sie wollen, können Sie auch ein vorläufiges Inhaltsverzeichnis erstellen. Abschließend legen Sie Ihren Projektplan bei *(vgl. Kapitel 3)*.

Beispiel

Meine konkrete Fragestellung lautet also: „Welche medizinischen Strategien zur Leistung Erster Hilfe bei Notfällen im Zusammenhang mit Ecstasy-Missbrauch gibt es?" Um das herauszufinden, werde ich drei Interviews führen, und zwar mit einem Rettungsarzt, einem Arzt, der in einer Drogenberatungsstelle arbeitet, und einer Ärztin für Kinder- und Jugendheilkunde in einem Krankenhaus. Am Ende der Arbeit will ich herausgefunden haben, ob Ärztinnen und Ärzte, die sich beruflich mit den negativen Folgen von Ecstasy auseinandersetzen, besondere Kenntnisse über diese Droge haben oder ob sie immer mit den gleichen Therapien darauf reagieren. Außerdem werde ich mich mit der aktuellen Literatur rund um diese synthetische Droge beschäftigen. Folgende Fragen stehen also am Anfang meiner Arbeit: Wie wirkt Ecstasy? Welche Geschichte hat es? Welche Komplikationen kann es hervorrufen? Was steht in medizinischen Lehrbüchern darüber? Danach werde ich auf die Ergebnisse meiner Untersuchung eingehen und am Schluss ein Resümee ziehen: Wie müssten sich Ärztinnen und Ärzte über die aktuellen Entwicklungen am Drogenmarkt auf dem Laufenden halten?

Literatur:
Cousto, Hans: DrogenMischKonsum – Das Wichtigste in Kürze zu den gängigsten (Party-)Drogen. Solothurn 2003
Rakete, G./Flüsmeier M.: „Ecstasy. Eine explorative Studie zum Konsum und Mißbrauch von Ecstasy", in: Wiener Zeitschrift für Suchtforschung, 18 (1995) 3, S. 3–15
Saunders, Nicholas: Ecstasy. Zürich 1994
Van Treeck, Bernhard: Drogen- und Suchtlexikon. Berlin 2003

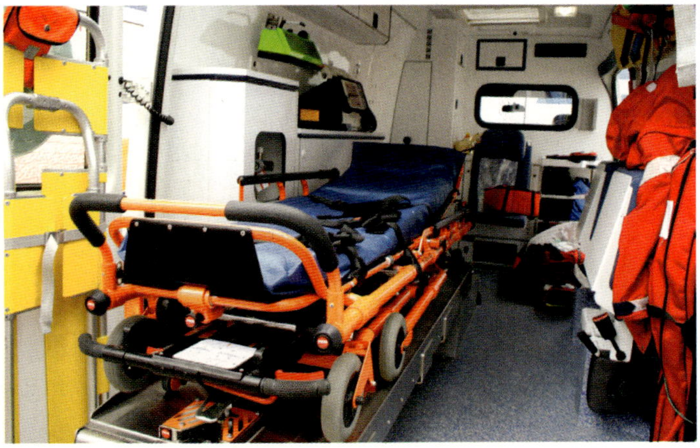

Abb. 24: Im Rettungswagen ins Krankenhaus?

7

Aufgabe
Verfassen Sie nun Ihr eigenes Exposee.

Arbeitstitel: ______________________________

WAS? ______________________________

WARUM? ______________________________

WIE? ___

WELCHE LITERATUR? ___

7

Das Wichtigste auf einen Blick

- Neben „echten“ wissenschaftlichen Texten gibt es auch andere Textsorten, die im wissenschaftlichen Kontext produziert werden.
- Die meisten dieser Texte dienen der Vorbereitung bzw. Dokumentation einer wissenschaftlichen Arbeit.
- Das Exposee ist der Entwurf Ihrer vorwissenschaftlichen Arbeit und skizziert das Thema, den Entdeckungs- und Interessenszusammenhang, die Fragestellung, die Untersuchungsmethode und die relevante Literatur, an der Sie Ihre Arbeit anbinden wollen.
- Das Exposee ist die Grundlage Ihrer Arbeit und dient der Betreuerin bzw. dem Betreuer dazu, Inhalt und Vorgangsweise mit Ihnen abzustimmen.

Forschungsmethoden

LERNZIELE Nach dem Durcharbeiten dieses Kapitels

... können Sie wissenschaftliche Methoden von anderen Methoden unterscheiden.	☐
... haben Sie einen grundsätzlichen Überblick über wissenschaftliche Methoden erhalten.	☐
... verstehen Sie, warum die Wahl einer Methode eng an die Fragestellung gekoppelt ist.	☐
... können Sie endgültig entscheiden, ob Sie eine produktive Arbeit schreiben wollen.	☐
... können Sie sich für eine Methode entscheiden.	☐
... können Sie ein Forschungsdesign entwickeln.	☐
... sind Sie bereit, Ihre empirische Forschung durchzuführen.	☐

Wissenschaftlich denken und arbeiten bedeutet, Wissen absichtlich und systematisch zu erzeugen *(vgl. Kapitel 2)*. Das bedeutet einerseits, eine gute Forschungsfrage zu formulieren *(vgl. Kapitel 5)*, und andererseits, eine passende Methode zu wählen, mit der diese Frage beantwortet werden könnte.

Wenn Sie sich für eine reproduktive Arbeit entschieden haben, können Sie dieses Kapitel überspringen, da Sie bereits wissen, wie Sie Ihre Frage beantworten werden: durch intelligentes Lesen und Zusammenfassen entsprechender Literatur – Sie finden also Ihre Antwort(en) im bestehenden Wissensbestand.

Wenn Sie sich für eine produktive Arbeit entschieden haben, können Sie in diesem Kapitel herausfinden, welche Methoden es gibt, welche Methode zur Beantwortung Ihrer Forschungsfrage sinnvoll ist und welche Mindeststandards Sie einhalten müssen, um methodisch richtig zu arbeiten.

Was zeichnet wissenschaftliche Methoden aus?

Aufgabe
Welche der folgenden Methoden ist Ihrer Meinung nach wissenschaftlich? Kreuzen Sie an.

	Ja	Nein
Standardisierter Fragebogen	☐	☐
Chemisches Experiment	☐	☐
Sammeln von Bauernregeln	☐	☐
Traumanalyse	☐	☐
Interview	☐	☐
Tierversuch	☐	☐
Gruppendiskussion	☐	☐
Simulation	☐	☐
Teilnehmende Beobachtung	☐	☐

Eine „richtige“ Lösung dieser Aufgabe gibt es allerdings nicht. Denn ob eine Methode wissenschaftlich ist, entscheidet sich nicht nur anhand der Methode selbst, sondern auch anhand der Rahmenbedingungen!

Ein standardisierter Fragebogen (also ein Fragebogen mit Antworten zum Ankreuzen) allein ist noch lange nicht wissenschaftlich. Diese Methode kann auch von einem Marktforschungsinstitut verwendet werden, ohne jeden wissenschaftlichen Anspruch. Erst die sinnvolle Verknüpfung einer Forschungsfrage bzw. mehrerer Hypothesen mit den im Fragebogen formulierten Fragen und die richtige Auswertung machen dieses „Tool" wissenschaftlich.

Das Gleiche gilt für das chemische Experiment: Ein solches kann mit jedem Kinder-Chemie-Baukasten durchgeführt werden, ist aber deshalb noch nicht wissenschaftlich.

Dafür kann das Sammeln von Bauernregeln wissenschaftlich durchaus sinnvoll sein: Wenn die Forschungsfrage beispielsweise lautet: „Wie unterscheiden sich kalendarische Bauernregeln in Ost- und Westösterreich?", so kann man das Sammeln und Auswerten diverser Alltagssprüche durchaus als wissenschaftlich bezeichnen.

Was die Traumanalyse betrifft, so scheiden sich die Geister: Das Deuten individueller Träume z. B. in der Psychoanalyse gilt heute nicht als wissenschaftlich. Die Kategorisierung verschiedener Arten von Träumen kann aber in der Schlafforschung wiederum durchaus sinnvoll sein.

Auch das Führen eines Interviews kann entweder nicht wissenschaftlich (z. B. ein Zeitungsinterview) oder wissenschaftlich (z. B. qualitative Befragung) sein.

Alle oben angeführten Methoden sind deshalb immer in ihrem Zusammenhang zu betrachten.

Im Alltag wenden wir laufend „Methoden" an, um einen Sachverhalt zu klären bzw. offene Fragen zu beantworten. Wir beobachten beispielsweise unsere Stimmung in Relation zu den Mondphasen oder fragen unsere Freundinnen und Freunde, wie es ihnen geht. Mit diesen „Methoden" erzeugen wir für unseren Alltag wichtiges Wissen. Sie sind aber keineswegs systematisch, sondern meist intuitiv gewählt; die Ergebnisse sind oft reine Spekulation, unbewiesen, subjektiv und nicht überprüfbar.

Definition einer wissenschaftlich gültigen Methode

Damit eine Methode als wissenschaftlich gilt, muss sie einige Standards erfüllen:

- Die Methode muss zur Forschungsfrage passen.
- Die Methode muss in der wissenschaftlichen Literatur beschrieben sein.
- Die Methode muss ihren Regeln entsprechend ausgeführt werden.
- Die Methode muss für Dritte plausibel gewählt sein.
- Die Methode muss nachvollziehbar sein, d. h. jeder Schritt muss dokumentiert werden.
- Die Methode muss für Dritte wiederholbar sein.
- Die Methode muss Daten erzeugen.
- Die Methode muss für Dritte objektiv nachvollziehbare Ergebnisse liefern.

Das Prinzip wissenschaftlicher Methoden

Das Prinzip hinter allen wissenschaftlichen Methoden ist immer dasselbe: Daten werden gesammelt und gedeutet. Ob wir ein Experiment mehrfach wiederholen und die Ergebnisse dokumentieren, ob wir einen Fragebogen verteilen und wieder einsammeln, ob wir Filmsequenzen analysieren oder ob wir Kinder beobachten: Wir erzeugen oder sammeln Daten. Diese Daten dokumentieren und interpretieren wir. Die Ergebnisse der Interpretation werden zum Schluss offengelegt und sind somit für Dritte überprüfbar bzw. widerlegbar.

Daten erzeugen/ sammeln → Daten dokumentieren/ aufbereiten → Daten interpretieren → Ergebnisse offenlegen

Welche Sorten von Methoden gibt es?

Grundsätzlich ist die Menge an Methoden in allen wissenschaftlichen Disziplinen nicht zu überblicken: Fast jedes Einzelfach hat in der Vergangenheit eigene, spezielle Methoden ausgebildet. Alle entsprechenden Methodenbeschreibungen zusammen gehen wahrscheinlich in die Zehntausende. Es gibt jedoch vier Kategorien, in die sich fast alle Methoden, egal aus welchem Fach, einordnen lassen:

	Quantitative Methoden	Qualitative Methoden
Reaktive Methoden		
Nicht-reaktive Methoden		

Quantitative Methoden

Hier geht es immer um die Erzeugung großer Datenmengen und die Messbarkeit dieser Daten. Klassische quantitative Methoden sind z. B. der standardisierte Fragebogen, das Experiment, die Testung und allgemein Messungen aller Art. Bei quantitativen Untersuchungen geht es immer um die Fragen: „Wie viel ist x oder y?“ und „Welchen Einfluss hat x auf y?“ Das Verhalten von Menschen, Tieren, Pflanzen oder Materialien wird möglichst genau beschrieben. Wichtig ist hierbei immer das Verhältnis der untersuchten Stichprobe zur Grundgesamtheit: Um relevante Aussagen über etwas treffen zu können, muss die Stichprobe groß genug sein und exakt in allen Dimensionen der Grundgesamtheit entsprechen. Ist die Grundgesamtheit beispielsweise „alle österreichischen Erstwählerinnen und Erstwähler“, so muss die Stichprobe genau so beschaffen sein, wie die gesamte Gruppe aller Erstwählerinnen und Erstwähler: gleiche Geschlechterverteilung, gleiche Verteilung der Schulbildung, gleicher Status der Eltern etc. Die gesammelten Daten werden immer statistisch ausgewertet und ergeben Prozentwerte. Das Erkenntnisziel sind messbare Größen und Zusammenhänge. Quantitative Forschung geht immer von Hypothesen aus *(vgl. Kapitel 4)*, die getestet werden. Die Vorgangsweise ist immer gleich[1]:

1. Definition der Fragestellung
2. Einholung aller verfügbaren Informationen über den Untersuchungsgegenstand
3. Entwicklung des Erhebungsinstruments (Fragebogen, Beobachtungsschema, quantitativer Interviewleitfaden etc.)
4. Testung des Erhebungsinstruments
5. Datenerhebung
6. Dateneingabe
7. Quantitativ-statistische Auswertung
8. Interpretation der Ergebnisse und der gefundenen Zusammenhänge
9. Berichterstellung und Ergebnispräsentation

[1] vgl.: http://www.unet.univie.ac.at/~a0401246/Uni/Quantitative_vs_Quantitative.pdf (dl 2. 5. 2010, 15:10 Uhr)

Ein Beispiel für eine quantitative Untersuchung könnte eine Fragebogenaktion an österreichischen Schulen sein, in der nach dem Beruf der Eltern und nach dem Schulerfolg gefragt wird. Das Erkenntnisinteresse wäre hier: „Welchen Einfluss hat der Status der Eltern auf den Schulerfolg der Kinder?" Das Ergebnis könnte beispielsweise lauten: XY % aller Kinder aus Akademiker-Familien schneiden in der Schule besser ab als Kinder aus Nicht-Akademiker-Familien.

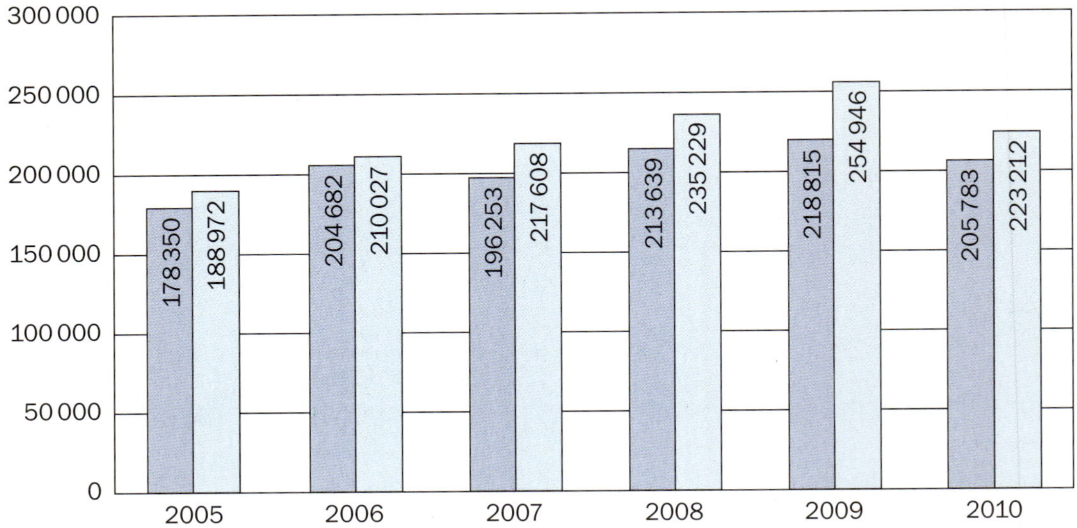

Abb. 25: Ergebnis einer quantitativen Untersuchung, z. B. Anzahl von weiblichen und männlichen Arbeitslosen in einem Bundesland pro Jahr

Qualitative Methoden

In den qualitativen Methoden geht es nicht um die Frage „Wie viel?", sondern um die Frage „Wie genau?" Es geht also um das Beschreiben, Interpretieren und Verstehen von Inhalten. Interessant sind nicht objektive Statistiken, sondern subjektive Antworten. Ausgegangen wird nicht von Hypothesen, sondern von offenen Fragen: Wie? Warum? Wer? Aus den Antworten heraus können Kategorien gebildet werden. Beispiele für qualitative Methoden sind u. a. offene Interviews (also ohne vorgegebene Antwortmöglichkeiten). Die Ergebnisse qualitativer Studien können zu Hypothesen führen, die dann quantitativ geprüft werden.

Auch in der qualitativen Forschung ist die Vorgangsweise immer gleich[1]:

1. Definition der Fragestellung
2. Entscheidung über die Art der Methode
3. Entwicklung des Instruments (Interviewleitfaden, Beobachtungsleitfaden, Diskussionsleitfaden, Interpretationsleitfaden etc.)
4. Schulung der Personen, die interviewen, beobachten, die Diskussion leiten, interpretieren etc.
5. Rekrutierung der Teilnehmerinnen und Teilnehmer sowie die Organisation des Materials
6. Durchführung und Protokollierung der Befragung bzw. Beobachtung
7. Auswertung der Daten und deren Kategorisierung
8. Interpretation
9. Ergebniszusammenstellung und Ergebnispräsentation

[1] vgl.: http://www.unet.univie.ac.at/~a0401246/Uni/Quantitative_vs_Quantitative.pdf (dl 2. 5. 2010, 15:10 Uhr)

Ein Beispiel für eine qualitative Untersuchung könnte eine Gruppendiskussion mit Eltern sein, deren Kinder überdurchschnittlich gut in der Schule sind: Diskutiert werden sollen die Einstellungen und Handlungen der Eltern bezüglich der Betreuung ihrer Kinder. Das Erkenntnisinteresse wäre hier: „Was genau machen Eltern von erfolgreichen Schülerinnen und Schülern richtig?“ Die Ergebnisse der Diskussion werden interpretiert und in Kategorien zusammengefasst, z. B. „Viele Gesprächsangebote innerhalb der Familie“ oder „Regelmäßige gemeinsame kulturelle Unternehmungen“.

Abb. 26: Ein digitales Aufnahmegerät – eines der wichtigsten Instrumente bei qualitativen Untersuchungen

Reaktive Methoden

Bei reaktiven Methoden werden die Daten von der Forscherin bzw. vom Forscher selbst erzeugt, z. B. durch ein Experiment oder eine Befragung. Die Datenerzeugung wird also auch beeinflusst, denn die befragten, beobachteten oder untersuchten Personen (oder Tiere oder Materialien) reagieren auf die Forscherin bzw. den Forscher.

Beispiele für reaktive Methoden:

- Beobachtungen
- Befragungen (einzeln oder in der Gruppe, schriftlich oder mündlich)
- Gruppendiskussionen
- Naturwissenschaftliche Experimente

Ein konkretes Beispiel für eine reaktive Untersuchung könnte eine Wirksamkeitsstudie eines neuen Medikaments sein. Die Versuchspersonen wissen, dass sie ein neues Kopfwehpulver ausprobieren sollen, und erzeugen folgende Daten: Wann wurde das Medikament genommen? Wie oft? In welcher Dosierung? Wie wirkte es? Hatte es Nebenwirkungen? Das Ergebnis wären hier statistische Daten.

Abb. 27: Bildmaterialien aus ethnographischen Forschungen sind Ergebnisse einer reaktiven Untersuchung, in diesem Fall zu Kleidung in unterschiedlichen Kulturen.

Nicht-reaktive Methoden

Bei nicht-reaktiven Methoden wird auf Daten zurückgegriffen, die bereits vorhanden und nur noch auszuwerten sind, z. B. Archivdaten, vorhandene Texte, Bilder, Statistiken. Das Untersuchungsmaterial ist also ohne Zutun der Forscherin bzw. des Forschers entstanden. Die untersuchten Personen (oder Tiere oder Materialien) haben also nicht auf die Forscherin bzw. den Forscher reagiert.

Beispiele für nicht-reaktive Methoden:

- Auswertung archäologischer Funde
- Text-/Bild-/Film-/Website-Analysen
- Auswertung von Gesteins- oder Gewässerproben

Ein konkretes Beispiel für eine nicht-reaktive Untersuchung könnte eine chemische Analyse der Farben sein, die in einer bestimmten Epoche von Malerinnen und Malern verwendet wurden. Das Untersuchungsmaterial – die Bilder – gibt es also bereits ohne Zutun der Forscherin bzw. des Forschers. Das Ergebnis könnte neue Hinweise auf die Geschichte der Malerei liefern.

Aufgabe

Ordnen Sie die folgenden Methodenbeispiele richtig zu.

1. 20 Erziehungswissenschaftlerinnen und -wissenschaftler sitzen in 20 Schulklassen und nehmen dort je 20 Schulstunden auf Tonband auf. Anschließend werden die Tonbänder nach folgenden Kriterien ausgewertet: Lautstärke verteilt über die Einheiten einer Schulstunde (eine Einheit = 5 Minuten), Häufigkeit der Unterbrechungen des Unterrichts durch Schülerinnen und Schüler, Geschlecht der Lehrperson.

quantitativ	qualitativ	reaktiv	nicht-reaktiv

2. Eine Ethnologin fährt auf eine noch unerforschte Südseeinsel und lebt dort zwei Jahre mit der Bevölkerung. Sie lernt ihre Sprache, beobachtet ihren Alltag und teilt ihre Kultur. Täglich macht sie sich Notizen über ihre Beobachtungen in ihrem Feldtagebuch.

quantitativ	qualitativ	reaktiv	nicht-reaktiv

3. Ein Historiker möchte wissen, wie die Menschen im 17. Jahrhundert ihren Müll entsorgten. Er beginnt, in Archiven zu recherchieren, und liest eine Unmenge an alten Urkunden und Gerichtsakten.

quantitativ	qualitativ	reaktiv	nicht-reaktiv

4. Eine Städteplanerin möchte wissen, wie Verkehrszeichen mit der Besiedelung zusammenhängen. Sie zählt und klassifiziert die Verkehrszeichen in 20 Städten und 40 Dörfern und vergleicht ihre Häufigkeit und ihre Bedeutung.

quantitativ	qualitativ	reaktiv	nicht-reaktiv

Lösung: 1. quantitativ/reaktiv; 2. qualitativ/reaktiv; 3. qualitativ/ nicht-reaktiv; 4. quantitativ/nicht-reaktiv

Die Forschungsfrage bestimmt die Methode

Welche Methode Sie für Ihre Arbeit wählen, hängt von Ihrer Forschungsfrage ab *(vgl. Kapitel 5)*. Keine Methode ist grundsätzlich gut oder schlecht, geeignet oder nicht geeignet. Wichtig sind folgende Kriterien:

- Kann die gewählte Methode Antworten auf Ihre Forschungsfrage liefern?
- Ist die Methode weder zu kompliziert noch zu aufwändig?
- Haben Sie die nötigen Ressourcen, um diese Methode anzuwenden (z. B. Statistikprogramme, Labor, Aufnahmegerät)?
- Können Sie mit der Methode umgehen?

Wie entwickelt man ein Forschungsdesign für eine vorwissenschaftliche Arbeit?

- Ausgehend von Ihrem Thema haben Sie eine ganz konkrete Forschungsfrage gestellt. Schauen Sie dabei noch einmal auf Ihr Erkenntnisziel: Was genau wollen Sie am Ende der Arbeit herausgefunden haben, was Sie jetzt noch nicht wissen? Und wie könnten Sie es herausfinden?
- Lassen Sie dabei zunächst Ihrer Fantasie freien Lauf und benutzen Sie Ihren Hausverstand: Wie könnten Sie prinzipiell zu sinnvollen Ergebnissen kommen? Wenn Sie darauf eine Antwort haben, können Sie nun versuchen, diese Methode zu benennen.
- Manchmal erkennt man beim Suchen nach einer Methode, dass die Forschungsfrage neu oder anders gestellt werden muss, da sie mit den verfügbaren Methoden nicht zu beantworten ist. Wenn Sie beispielsweise wissen wollen, was Goldfische bei der Partnerwahl erleben, und wenn es die einzig mögliche Methode wäre, die Fische zu interviewen, dann sollten Sie Ihre Frage nochmals überdenken. Vielleicht fragen Sie stattdessen, nach welchen Kriterien weibliche Goldfische ihre männlichen Partner wählen, und Sie entscheiden sich daraufhin für eine Beobachtung.
- Der nächste Schritt ist dann, sich über diese Methode zu erkundigen: Wo im Internet oder in der Literatur ist diese Methode schon beschrieben worden? Was genau muss man dabei beachten? Wie wird sie durchgeführt?
- Wenn Sie nun einen Überblick haben, planen Sie die Forschungsschritte konkret: Wen oder was genau will ich beforschen? Was brauche ich dazu? Was muss ich vorbereiten? Wie führe ich die Forschung durch? Wie werte ich meine Ergebnisse aus?

Beispiele

Thema:	Kindersoldaten im Zweiten Weltkrieg
Forschungsfrage:	Wie erlebte ein 12-Jähriger seinen Einsatz in den letzten Kriegstagen?
Methode:	Biografisches Interview
Planung:	Zeitzeugen finden, Interviewleitfaden entwickeln, Aufnahmegerät
Auswertung:	Interview abtippen („transkribieren“), Ergebnisse interpretieren

Thema:	Schülersoftware
Forschungsfrage:	Welchen Nutzen hat ein Softwarepaket zum Managen von Lernaufgaben?
Methode:	Testen
Planung:	Software identifizieren, Kriterien für „Nutzen“ entwickeln, Software besorgen
Auswertung:	Testergebnisse niederschreiben, auswerten, interpretieren

Thema:	Kunst im World Wide Web
Forschungsfrage:	Welche Besonderheiten hat Kunst, die nur für das Internet gemacht wird?
Methode:	Website-Analyse
Planung:	Beispiele auswählen, Analyseleitfaden erstellen, Kriterien entwickeln
Auswertung:	Ergebnisse auswerten, niederschreiben und interpretieren

Aufgabe

Und jetzt sind Sie dran – entwickeln Sie Ihr eigenes Forschungsdesign.

Thema:	
Forschungsfrage:	
Methode:	
Planung:	
Auswertung:	

8

Methodenverwendung in vorwissenschaftlichen Arbeiten

Natürlich können Sie im Rahmen einer vorwissenschaftlichen Arbeit nicht alle Regeln der wissenschaftlichen Methodenverwendung beachten: So wird es Ihnen beispielsweise kaum gelingen, eine „saubere" Stichprobe zu ziehen. Auch werden die Datenmengen viel kleiner sein, als es üblicherweise der Fall ist. Experimente können nur begrenzt durchgeführt werden. Nicht alle Fragen in einem Fragebogen oder Interviewleitfaden werden exakt formuliert sein etc.

Sehen Sie Ihre Methodenverwendung als eine Art „Probeforschung" an – Sie zeigen in kleinem Rahmen, dass Sie folgende Kriterien beachtet haben:

- Die Methode muss plausibel argumentiert sein und zu Ihrer Forschungsfrage passen.
- Die Methode muss von Ihnen beschrieben werden und anhand von zumindest einer Literaturangabe nachvollziehbar sein.
- Sie halten sich im Großen und Ganzen an die Anleitung.
- Sie müssen alle Schritte Ihres Forschungsdesigns genau dokumentieren. (Was habe ich warum wann wie gemacht?)
- Die Daten müssen transparent sein und bei Bedarf zur Verfügung gestellt werden können (Erhebungen, Interviews, Analyseleitfäden, Beobachtungsnotizen etc.).

Häufig verwendete Methoden

Im Folgenden werden einige Methoden beschrieben, die in vorwissenschaftlichen Arbeiten sinnvoll sein könnten. Folgende Kriterien werden dabei beleuchtet: Wann ist diese Methode hilfreich? Wie gehen Sie prinzipiell dabei vor? Was müssen Sie dabei beachten? Achtung: Halten Sie in jedem Fall mit Ihrer Betreuerin bzw. Ihrem Betreuer rechtzeitig Rücksprache über Ihre Methodenwahl. In manchen Fächern gibt es bestimmte Methoden, zu denen es möglicherweise Hilfestellung gibt (z. B. Bildanalyse in BE, Textinterpretation in Deutsch, Experimente in Chemie und Physik, Archivrecherche in Geschichte, Sezieren in Biologie).

Online-Fragebogen

Ist wann sinnvoll?

Die Online-Befragung eignet sich vor allem für quantitative Untersuchungen: Wenn Sie numerische Größen, also Zahlen und Zusammenhänge herausfinden wollen, eignet sich ein Online-Frage-Tool besonders gut. Achtung: Die Teilnehmerinnen und Teilnehmer Ihrer Befragung müssen natürlich auch von Ihrem Fragebogen erfahren, das Tool eignet sich also nur für Befragungen von Zielgruppen, zu denen Sie einen unmittelbaren Zugang haben (z. B. Schülerinnen und Schüler, Bekannte, Lehrpersonen). Wenn Sie damit Menschen befragen wollen, die Sie noch gar nicht kennen (z. B. Asylwerberinnen und -werber), werden Sie Schwierigkeiten bei der „Befüllung“ bekommen.

+ Positives Beispiel: Befragung von Erstwählerinnen und Erstwählern zu ihren politischen Einstellungen
- Negatives Beispiel: Befragung von politischen Flüchtlingen zu ihren Erfahrungen mit der österreichischen Bürokratie

Wird wie durchgeführt?

Im Internet gibt es eine Vielzahl von Online-Frage-Tools, die teilweise gratis für eine kleine Anzahl von Daten nutzbar sind. Der Vorteil dieser Tools ist, dass Sie fertige Fragearten angeboten bekommen, in die Sie Ihre konkreten Fragen nur noch einfügen müssen. Das Tool wertet Ihre Daten auch aus und liefert Ihnen fertige Grafiken und Tabellen. Eventuell ist Ihre Schule bereit, eine Softwarelizenz zu kaufen, dann können auch kompliziertere Auswertungen direkt im Internet gemacht werden, und Sie müssen sich nicht mit einem Statistikprogramm auseinandersetzen.

Was ist zu beachten?

Bei quantitativen Untersuchungen müssen Sie im Vorfeld Hypothesen formulieren, die Sie mit der Befragung testen können. Fragen „aus dem Bauch heraus“ zu formulieren, ist also unzulässig. Außerdem müssen Sie eine gewisse Datenmenge erzeugen, um überhaupt Aussagen treffen zu können. Die Auswertung von fünf Fragebögen ergibt kein sinnvolles statistisches Ergebnis. Aufpassen müssen Sie auch mit sogenannten Suggestivfragen, also Fragen, die so formuliert sind, dass sie das Ergebnis schon vorwegnehmen. Formulieren Sie also Fragen also möglichst neutral!

Qualitatives Interview

Ist wann sinnvoll?

Interviews eignen sich besonders, wenn Sie noch keine Hypothesen zu einem Thema haben, sondern generell etwas über einen Sachverhalt herausfinden wollen. Interviews können Sie beispielsweise mit Expertinnen und Experten zu einem bestimmten Thema führen. Wenn Sie Zahlen und Fakten abfragen wollen, eignet sich ein Interview nicht, in diesem Fall müssten Sie eine quantitative Untersuchung durchführen. Interviews dienen auch nicht der „Second-Hand“-Forschung: Wenn Sie etwas über ehemalige Junkies herausfinden wollen, befragen Sie die Zielgruppe direkt und nicht Wissenschaftlerinnen und Wissenschaftler, die schon einmal über Drogenausstieg geforscht haben.

+ Positives Beispiel: Interviews mit Tätowierern über Kunden, Trends und Moden
- Negatives Beispiel: Interviews mit Geigenbauern zur Geschichte der Violine

Wird wie durchgeführt?
Interviews müssen immer aufgezeichnet (auf einem Datenträger, also z. B. einem digitalen Aufnahmegerät) und in weiterer Folge niedergeschrieben („transkribiert") werden. Sich nur Notizen während des Interviews zu machen, reicht nicht! Denn um die Daten in weiterer Folge zu interpretieren, müssen sie „dingfest" gemacht werden. Interpretieren dürfen Sie ganz individuell, wichtig ist, dass Sie jedes Interpretationsergebnis anhand des Materials belegen können – qualitative Interviews tauchen also in vorwissenschaftlichen Arbeiten immer als wörtliche Ausschnitte auf. Die Interpretationsergebnisse sind meist zusammenfassende Kategorien. Für eine vorwissenschaftliche Arbeit reichen meist zwei bis drei geführte Interviews, in Ausnahmefällen auch eines (wenn es ausführlich genug ist).

Was ist zu beachten?
Ein Interview müssen Sie gut vorbereiten: sowohl inhaltlich als auch technisch. Ein defektes Aufnahmegerät macht jedes geführte Interview wertlos. Außerdem müssen Sie vorher ungefähr wissen, was Sie im Interview fragen werden: Sie bereiten also einen Leitfaden vor, der aber genügend Spielraum lässt für neue Themen und Sichtweisen. Den Leitfaden entwickeln Sie anhand Ihrer Interessen rund um die Thematik und anhand Ihrer Forschungsfrage. Selbstverständlich werden mit den Fragen auch keine ethischen Grenzen überschritten. Bei qualitativen Interviews besteht auch immer die Gefahr, dass die Befragten „sozial erwünschte" Antworten geben, um ihr Gesicht nicht zu verlieren.

Teilnehmende Beobachtung

Ist wann sinnvoll?
Die teilnehmende Beobachtung ist eine Methode, bei welcher die Forscherin bzw. der Forscher persönlich an den „normalen" Handlungen der zu beforschenden Gruppe teilnimmt. Die Idee ist, dass sich durch die Beobachtung bzw. die direkte Erfahrung einer Situation Aspekte zeigen, die die Betroffenen in einem Interview nie preisgeben würden: entweder weil ihnen ihr Handeln gar nicht bewusst ist oder weil sie in der Interviewsituation gehemmter agieren. Wichtig ist, dass Sie etwas über Sachverhalte herausfinden wollen, die in Gesprächen oder Dokumenten nicht auffindbar wären. Und: Sie müssen auch wirklich etwas „sehen" können. Beobachtungen von sozialen Situationen, die sehr geheim oder verdeckt stattfinden, werden wahrscheinlich nicht funktionieren. So können Sie beispielsweise durch die Beobachtung von Schulpausen viel mehr herausfinden, als wenn Sie Ihre Mitschülerinnen und Mitschüler fragen, was sie eigentlich in der Pause so machen. Entwickelt wurde diese Methode übrigens in der Ethnologie bei der Erforschung fremder Kulturen.
+ Positives Beispiel: Beobachtung von Straßenkünstlerinnen und -künstlern
– Negatives Beispiel: Beobachtung von Handtaschendieben

Wird wie durchgeführt?
Das wichtigste Instrument ist hier das Notizbuch: Alles, was Sie beobachten, müssen Sie auch aufschreiben. (Sie können aber auch einen Film zur Dokumentation drehen.) In weiterer Folge werden diese Notizen abgetippt und danach interpretiert. Das Ergebnis Ihrer Interpretation können Kategorien (z. B. Arten von Pausengestaltung) oder Erkenntnisse sein. Auch bei der teilnehmenden Beobachtung tauchen daher viele „Zitate" aus Ihren Feldnotizen auf. Und jede Interpretation muss mit einem Beispiel aus dem Feld „belegt" werden!

Was ist zu beachten?
Um teilnehmend zu beobachten, brauchen Sie einen „Feldzugang". Sie müssen als Mitglied der Gruppe entweder nicht auffallen oder aber akzeptiert sein. So wird es Ihnen wahrscheinlich nicht gelingen, das Handeln von Herzchirurginnen und -chirurgen teilnehmend zu beobachten. Diese Methode eignet sich also nur für Situationen, zu denen Sie auch leicht Zugang finden. Sie können entweder verdeckt oder offen beobachten: Das heißt, dass die Beobachteten entweder nicht wissen, dass sie von Ihnen beobachtet werden, oder aber dass Sie Ihre Forschungsabsicht klar offenlegen. Manchmal kommt man bei einer verdeckten Beobachtung in einen moralischen Konflikt, vor allem dann, wenn Sie Dinge beobachten, die ein wenig peinlich oder sehr persönlich sind.

Bild-/Text-/Film-/Website-Analyse

Ist wann sinnvoll?
Die Analyse von bestehendem Material – seien es Bilder, Texte, Filme oder Websites – zielt auf das Verstehen und Auslegen dieses Materials ab. Es geht also immer um Bedeutungen und Erklärungen, die dem Bild (dem Text, dem Film, der Website) bereits innewohnen, die sich aber nur durch intensive Auseinandersetzung zeigen. Das Material wird also „ausgelegt“, es werden darin Bedeutungen gefunden, die sich auf den ersten Blick nicht erschließen lassen. Eine Analyse ist also nur dann sinnvoll, wenn Sie glauben, dass das Material auch viel „hergibt“. Die Analyse kann auch vergleichend sein. Diese Methode haben Sie übrigens im Schulfach Deutsch bereits eingeübt!

+ Positives Beispiel: Textinterpretation zweier Gedichte von Bert Brecht
– Negatives Beispiel: Zählen der Mordhäufigkeit in Hauptabendfilmen

Wird wie durchgeführt?
Bild-/Text-/Film-/Website-Analysen folgen mehr oder weniger immer demselben Muster: Um wirklich grundlegend zu verstehen, muss der Untersuchungsgegenstand zunächst in seine Bestandteile zerlegt werden. Jeder Bestandteil wird für sich eingehend interpretiert: Welcher Sinn könnte darin stecken? Danach werden die einzelnen Bausteine miteinander verglichen: Zeigen sich überall dieselben Muster? Zum Schluss wird alles wieder zusammengefügt und in seiner Gesamtheit betrachtet. Jeder Interpretationsschritt wird dokumentiert und taucht auch in der vorwissenschaftlichen Arbeit auf: Sie müssen die Leserinnen und Leser an Ihrer Interpretationsreise teilhaben lassen. Auch hier gilt: Jede Interpretation ist zulässig, sie muss nur anhand des entsprechenden Bildausschnitts (der Textstelle, der Filmsequenz, der Websequenz) belegt werden. Diese Methode wurde übrigens ursprünglich von der Theologie entwickelt, um die Texte der Bibel besser verstehen zu können: Der Fachbegriff dafür ist „Hermeneutik“.

Was ist zu beachten?
Diese Methode eignet sich vor allem für jene, die gerne mit Worten arbeiten: Nicht umsonst wird in der Wissenschaft von der „Kunst der Interpretation“ gesprochen. Sich auf ein Bild (einen Text, einen Film, einen Webinhalt) „einzulassen“, erfordert viel intuitives Gespür und Sprachgewandtheit.

Naturwissenschaftliches Experiment

Ist wann sinnvoll?
Experimente unterscheiden sich von „normalen“ Beobachtungen durch zwei Aspekte: Erstens wird eine Situation aktiv und absichtlich verändert, um die Beziehung zwischen zwei Dingen zu erforschen. Es wird also immer davon ausgegangen, dass „etwas“ von „etwas anderem“ beeinflusst wird. Im Experiment wird diese Beziehung systematisch untersucht. Zweitens wird versucht, andere Einflussfaktoren absichtlich auszuschalten. Wenn also der Einfluss der Temperatur auf einen Stoff untersucht wird, wird die Kälte bzw. die Hitze, der dieser Gegenstand ausgesetzt ist, absichtlich hergestellt. Gleichzeitig wird versucht, andere Faktoren auszuschalten, die auch wichtig sein könnten für die Veränderung des Stoffes (z. B. Luftverschmutzung).

Naturwissenschaftliche Experimente können entweder einmalig sein (z. B. das Aufeinanderschießen von Protonen bei CERN – Europäische Organisation für Kernforschung) oder wiederholt stattfinden. In letzterem Fall sind Experimente streng genommen Unterformen der quantitativen Untersuchung. Je nach Fachgebiet werden Experimente unterschiedlich durchgeführt: Experimente in der Medizin haben einen vollständig anderen Charakter also solche in der Physik. Das Experiment ist eine Art Versuchsanordnung, in der, einfach gesagt, etwas ausprobiert wird. Einem Experiment gehen immer Hypothesen über den Ausgang voran. Das Ziel sind Schlussfolgerungen.

+ Positives Beispiel: Versuchsanordnung zur Lebensfähigkeit von Algen in Abwässern
– Negatives Beispiel: Zufälliges Mischen von unterschiedlichen Säuren und Warten auf die Reaktion

Wird wie durchgeführt?
Neben der Beschreibung der Situation (des „Settings") wird bei einem Experiment auch jedes Ergebnis penibel dokumentiert: Alle Ergebnisse müssen daher messbar sein und als Maßzahlen angegeben werden: Wie viel? Wie oft? Wie sehr? ... In Ihrer Arbeit dokumentieren Sie sowohl das Versuchsprotokoll als auch die Ergebnisse Ihrer Untersuchung. Letztere werden dann interpretiert.

Was ist zu beachten?
Naturwissenschaftliche Experimente eignen sich vor allem für jene, die gerne tüfteln und weniger gerne mit Sprache arbeiten. Wichtig ist, dass Sie in Ihrer Schule die geeigneten Laborbedingungen für Ihr Experiment vorfinden und dieses unter Anleitung und Aufsicht Ihrer Betreuerin bzw. Ihres Betreuers durchführen können. Gefährliche Experimente sind selbstverständlich tabu!

Aufgabe
Welche Methode könnte Ihrer Meinung nach zu welcher Forschungsfrage passen?
Es können auch mehrere Antworten gegeben werden.

1. Wie werden Kooperation und Konflikt in Online-Rollenspielen ausgehandelt?	**A** Gruppendiskussion
2. Welche Merkmale hat die Figur des „Superhelden"?	**B** Laboranalyse
3. Welches Konzept von Feminismus findet sich im Werk Elfriede Jelineks?	**C** Experiment
4. Wie und wann entstand die Stadt Krems?	**D** Interview
5. Welche Eigenschaften zeigen Hartgummis unter Hitzeeinfluss?	**E** Textinterpretation
6. Welche Umgebungen fördern die Bereitschaft, Erste Hilfe zu leisten?	**F** Archivrecherche
7. Wie vermehren sich Heidekrautpflanzen unter harten Wetterbedingungen?	**G** Film-Analyse
8. Welche Einstellung haben Jugendliche zur Sexualität?	**H** Teilnehmende Beobachtung

Lösung: 1 A, D, H / 2 A, E, G / 3 E / 4 F / 5 C / 6 A, C, D / 7 B, C / 8 A, D

Das Wichtigste auf einen Blick

- Damit eine Methode als wissenschaftlich gilt, muss sie einige Kriterien erfüllen, z. B. Dokumentation und Wiederholbarkeit.
- Es gibt unzählige wissenschaftliche Methoden; fast alle sind in diese Kategorien einzuteilen: quantitativ/qualitativ bzw. reaktiv/nicht-reaktiv.
- Eine wissenschaftliche Methode wird immer so gewählt, dass sie zur Forschungsfrage passt.
- Dem Datensammeln folgt immer die Dateninterpretation.
- Zur Durchführung gehört auch die Planung, die Beschreibung und die Auswertung.
- Eine vorwissenschaftliche Arbeit muss einige, aber nicht alle Regeln für gutes methodisches Arbeiten erfüllen.

Das Schreiben der Arbeit

LERNZIELE Nach dem Durcharbeiten dieses Kapitels

... können Sie Ihr bisher gesammeltes Material gut vorbereiten.	☐
... wissen Sie, was das Schreiben eines wissenschaftlichen Textes umfasst.	☐
... haben Sie eine gute Gliederung Ihrer Arbeit.	☐
... wissen Sie, wie man ein Inhaltsverzeichnis erstellt.	☐
... können Sie etwaige Schreibhemmungen leicht überwinden.	☐
... wissen Sie, welche stilistischen, inhaltlichen und formalen Voraussetzungen ein wissenschaftlicher Text hat.	☐
... können Sie Ihre Arbeit schreiben und lektorieren.	☐
... werden Sie Ihre Arbeit abgeben.	☐

Wie gruppiere ich mein Material rund um meine „Geschichte"?

Viele wichtige Arbeiten auf dem Weg zu Ihrer vorwissenschaftlichen Arbeit haben Sie bereits erledigt:

- Sie haben eine spannende Forschungsfrage formuliert *(vgl. Kapitel 5)*.
- Sie haben ausreichend Literatur gelesen *(vgl. Kapitel 6)*.
- Sie haben ein gutes inhaltliches Konzept erarbeitet *(vgl. Kapitel 7)*.
- Bei einer produktiven Arbeit: Sie haben eigenes Forschungsmaterial produziert *(vgl. Kapitel 8)*.

Nun geht es darum, diese Teile zu verbinden – und als „Bindemittel" dient Ihnen die Sprache. Es reicht nämlich nicht, alle Teile hintereinander in Kapitel zu schlichten: Ihre Arbeit soll ja aus einem Guss sein. Das sinnvolle Verknüpfen Ihrer Materialien ist ähnlich dem Erzählen einer „Geschichte" – erst dadurch wird Ihre Arbeit für Leserinnen und Leser lebendig.

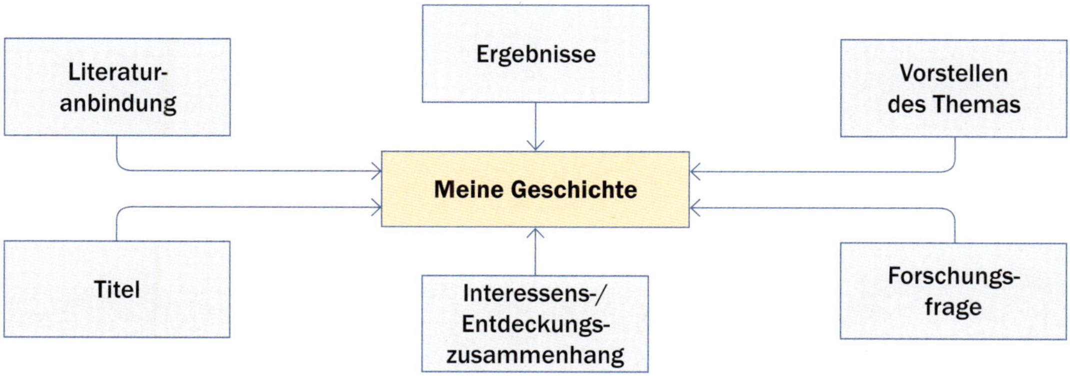

Abb. 28: Das Verknüpfen Ihrer Materialien zu Ihrer Geschichte

Wie jede gute Geschichte haben auch vorwissenschaftliche Arbeiten einen Anfang, einen Hauptteil und ein Ende. Der Unterschied zu einer „richtigen" Kurzgeschichte ist, dass Sie die wichtigsten Inhalte Ihrer Geschichte belegen müssen. Ihr Text muss glaubhaft sein, und zwar dadurch, dass Sie nichts erfinden, sondern alles, was Sie erzählen, entweder selbst beforscht oder bei anderen Wissenschaftlerinnen und Wissenschaftlern gelesen haben.

Bevor Sie also anfangen, Ihr Material zu gliedern und in Kapitel aufzuteilen, überlegen Sie sich, welche Geschichte Sie erzählen wollen.

Welche Geschichte möchte ich mit meiner Arbeit erzählen?

Um diese Frage beantworten zu können, rufen Sie sich ein paar wichtige Eckpunkte Ihrer Arbeit ins Gedächtnis.

Aufgabe

In welchem Fach erzähle ich meine Geschichte? Ist es eine literaturwissenschaftliche Geschichte, eine Geschichte aus der Physik, aus der Biologie ...? (Erste Vorstellung des Themas)	
Worum geht es in dieser Geschichte? (Themeneingrenzung)	
Warum möchte ich genau diese Geschichte erzählen? (Interessens-/Entdeckungszusammenhang)	

An welchen Geschichten knüpfe ich mit meiner „Story“ an? Wo bzw. wann beginnt meine Geschichte? (Einbettung in den wissenschaftlichen Diskurs)	
Was genau möchte ich erzählen? (Forschungsfrage)	
Was ist das Spannende an meiner Geschichte? Was macht sie so besonders? (Ergebnisse meiner Untersuchung)	
Was wäre eine gute „Headline“ für meine Geschichte? (Titel der Arbeit)	

Mit diesen Bausteinen haben Sie nun die Basis für eine gute wissenschaftliche Geschichte. Rund um diese „Storyline“ können Sie Ihre Geschichte, entsprechend Ihren Recherchen, mit vielen Details und Ergebnissen erzählen. Diese Kurzversion Ihrer Geschichte ist ähnlich aufgebaut wie Ihr Abstract *(vgl. Kapitel 4)*, mit dem Unterschied, dass Sie nun viel mehr wissen als am Beginn Ihrer Arbeit.

Beispiele für „Storylines“

- Meine Geschichte dreht sich um ein Rätsel aus der Medizin, nämlich eine ganz bestimmte Autoimmunerkrankung, die Zöliakie. Auf die Idee gekommen bin ich, weil meine beiden Cousinen diese Krankheit haben und ihr Leben daher ein wenig anders verläuft als das anderer Teenager. Ich wollte herausfinden, wie diese Krankheit entsteht, woran man sie erkennt, was man dagegen tun kann und wie weit die Forschung insgesamt ist. Was mich am meisten interessiert, ist, wie Teenager lernen, mit dieser Krankheit umzugehen.
- In meiner Geschichte geht es um moderne synthetische Drogen und die Gefahren, die mit ihrem Konsum verbunden sind. Synthetische Drogen kann man heute auf fast jedem öffentlichen Fest einfach erwerben, über die Risken wird man aber nicht aufgeklärt. Was mich besonders interessiert, ist die Geschichte von Ecstasy, seine Herstellung, seine Verbreitung und seine Wirkungsweise. Ganz genau unter die Lupe genommen habe ich das mobile Testlabor einer Drogenberatungsstelle, die Jugendlichen anbietet, ihre Ecstasy-Tabletten zu „checken“. Damit will ich herausfinden, wie man Drogenberatung machen kann, ohne „uncool“ zu sein.

Aufgabe

Was ist die „Storyline“ meiner Arbeit und mit welchen Details kann ich diese Geschichte gestalten?

1. Meine Storyline: ______________________________

____

____

____

____

____

____

____

2. Details, mit denen ich diese Geschichte gestalte: ______________________________

____

____

____

____

____

____

____

9

Wie baue ich meine Arbeit auf?

Nachdem Sie nun wissen, was den Kern Ihrer Geschichte ausmacht, wenden wir uns dem Aufbau der Arbeit zu. Grundsätzlich besteht jede wissenschaftliche Arbeit aus folgenden Teilen:

1. Titelblatt
2. Inhaltsverzeichnis
3. Einleitung
4. Anbindung an den wissenschaftlichen Diskurs („Literaturanbindung")
5. Nur bei produktiven Arbeiten: Erläuterung der Forschungsmethode
6. Eigentliche Untersuchung
7. Zusammenfassung der Ergebnisse
8. Literaturverzeichnis (und evtl. Abbildungsverzeichnis)

1. Titelblatt

Die genauen formalen Vorgaben für Ihr Deckblatt werden Ihnen von Ihrer Schule rechtzeitig bekannt gegeben. Jedenfalls enthalten sein muss:

TITEL DER ARBEIT
Beschreibender Untertitel

Arbeit in *(Fach)*

Maturajahrgang ________

vorgelegt von

____

eingereicht an *(Schulname)* bei

(Name der Betreuerin/des Betreuers)

Abgabedatum ____________

Unterschrift ______________________

Abb. 29: Beispiel für ein Titelblatt

2. Inhaltsverzeichnis

Das Inhaltsverzeichnis ist die „Visitkarte" Ihrer Arbeit. Auf einen Blick sollte man darin bereits erkennen, wie Ihre Arbeit aufgebaut ist und welche Schwerpunkte Sie setzen. Das Inhaltsverzeichnis kann man sehr einfach am Ende der Arbeit erstellen, wenn man schon beim Schreiben Folgendes beachtet:

Formatieren Sie Überschriften schon beim Schreiben entweder als „Überschrift 1" oder „Überschrift 2" sowie den restlichen Text als „Standard". (Diese Angaben finden sich in Textverarbeitungsprogrammen meist unter „Formatvorlagen und Formatierung".)

Kapitel (= Überschrift 1) kennzeichnen Sie so:

1. Einleitung

Unterkapitel (= Überschrift 2) kennzeichnen Sie so:

1.1. Mein Forschungsinteresse

Wenn die Arbeit fertig geschrieben (und mit Seitenzahlen versehen!) ist, verwenden Sie dann die jeweilige Funktion im Textverarbeitungsprogramm: Ihr Inhaltsverzeichnis erstellt sich mit den richtigen Seitenangaben ganz von allein!

Bei einer vorwissenschaftlichen Arbeit gelten folgende Regeln:

- Beginnen Sie Ihre Nummerierung mit „1." und niemals mit „0."
- Erstellen Sie nicht mehr als zwei Ebenen von Überschriften.
- Die zweite Ebene ist nur dann sinnvoll, wenn Sie mindestens zwei Untergliederungspunkte in diesem Kapitel haben.
- Untergliederungspunkte sind notwendig, wenn Sie mindestens ein bis zwei Seiten Text zu dem entsprechenden (Unter-)Kapitel produziert haben. (Sonst wäre es ja kein Kapitel, sondern nur ein Gedanke.)
- Erstellen Sie generell nicht zu viele Überschriften.
- Das Inhaltsverzeichnis sollte auf eine A4-Seite passen.
- Vergessen Sie nicht, Ihr Literaturverzeichnis in das Inhaltsverzeichnis mit zu übernehmen, allerdings ohne Nummerierung.
- Die Überschriften sollen einheitlich formuliert sein (z. B. immer Schlagworte), sie sollten eher „Überschrift-Charakter" haben und daher keine langen Sätze beinhalten.
- Die Formulierung der Überschriften darf ruhig kreativ sein.
- Die Überschriften im Inhaltsverzeichnis müssen in der Arbeit exakt gleich formuliert sein. (Wenn Sie nach Erstellen des Inhaltsverzeichnisses noch Überschriften im Text ändern, müssen Sie das Inhaltsverzeichnis ebenfalls aktualisieren.)
- Das Vorwort ist eine Art Danksagung und gehört nicht ins Inhaltsverzeichnis.
- Sie beginnen die Seitennummerierung mit Ihrer ersten richtigen Textseite.

Inhaltsverzeichnis

1. Moderne synthetische Drogen – eine moderne Epidemie? 1
   1.1. Ecstasy – Interesse, Fragestellung, Vorgangsweise 3
   1.2. Ecstasy im Fokus der Wissenschaft 5
2. Drogen – ein Fall für die Chemie, Psychologie oder Medizin? 7
   2.1. Chemische Zusammensetzung und Eigenschaften 8
   2.2. Präventionstheorien 11
3. Teilnehmende Beobachtung und Interviews 14
4. Check your drugs – ein innovativer Ansatz ....

Abb. 30: Beispiel für ein Inhaltsverzeichnis einer vorwissenschaftlichen Arbeit

3. Einleitung

Wie jede gute Geschichte beginnt auch Ihre Arbeit mit einer Einleitung. Auf wenigen Seiten (ca. zwei bis drei) skizzieren Sie dabei Ihre „Story“. Nach dem Lesen Ihrer Einleitung weiß die Leserin bzw. der Leser, in welchem Fach und zu welchem Themenkreis Sie schreiben und mit welchen konkreten Fragestellungen Sie an die Arbeit herangehen. Man erhält also einen ersten Überblick und kann nachvollziehen, wie Sie Ihre Gedanken strukturieren. Folgende Inhalte gehören daher in die Einleitung:

- Die Vorstellung des Themas: Worum geht es in dieser Arbeit?
- Der Interessens-/Entdeckungszusammenhang: Wie bin ich auf das Thema gekommen?
- Ganz grob der aktuelle Stand der Wissenschaft zu meinem Thema
- Meine Forschungsfrage
- Evtl. weitere Unterfragen
- Ein Überblick über die vorliegende Arbeit: Was werde ich auf den folgenden Seiten (be-)schreiben?

4. Anbindung an den wissenschaftlichen Diskurs (Literaturanbindung)

Wie Sie in *Kapitel 1* gesehen haben, wird eine Untersuchung unter anderem dadurch wissenschaftlich, indem sie an bereits vorhandene wissenschaftliche Texte anknüpft. Diese sogenannte Literaturanbindung ist dann sinnvoll, wenn Ihre eigenen Überlegungen mit den von Ihnen gewählten Texten zusammenpassen. Oft wird dieser Teil der Arbeit allerdings wie ein Fremdkörper behandelt: Um zu zeigen, dass man viel gelesen hat, werden mehr oder weniger wahllos Zitate aneinandergereiht, die zusammengenommen kaum noch Sinn ergeben und die vor allem wenig bis gar nichts mit der sonstigen Arbeit zu tun haben. Um zu vermeiden, dass Sie „mit Zitaten schleudern“, gehen Sie mit der von Ihnen bearbeiteten Literatur so um, dass sie zu Ihrer Geschichte passt.

Zur Erinnerung kurz noch einmal die Funktionen, die Literatur in Ihrer Arbeit erfüllen soll:

1. Die schon vorhandene wissenschaftliche Literatur liefert den Bezug für Ihre Arbeit – Sie knüpfen an schon Gedachtes an. Welchen Rahmen können Sie daraus für Ihr Thema schaffen?
2. Mit Literatur können Sie Ihre Forschungsfrage erläutern: Sie skizzieren damit, in welchem wissenschaftlichen Feld Sie sich befinden. Sie knüpfen mit Ihrer Frage ja an bereits vorhandenes Wissen an – an welches konkret?
3. Mit Literatur können Sie Begriffe und Theorien, die Sie in Ihrer Arbeit verwenden, definieren.
4. In der Literatur finden Sie, wenn Sie eine reproduktive Arbeit schreiben *(vgl. Kapitel 1)*, die Antworten auf Ihre Forschungsfrage.
5. Und Literatur kann Ihnen schließlich helfen, Ihre Ergebnisse zu verstehen, wenn Sie eine produktive Arbeit schreiben *(vgl. Kapitel 1)*. Welche Erklärungen für Ihre Ergebnisse finden Sie?

Arbeiten Sie in jedes Kapitel Teile der gesammelten Literatur ein, nicht nur in diesen „Theorieteil“. Reservieren Sie sich allerdings diesen Abschnitt dafür, sich etwas ausführlicher mit dem von Ihnen Gelesenen auseinanderzusetzen. Suchen Sie passende Literatur und knüpfen Sie genau daran an!

Aufgabe
Ausgehend von meiner Geschichte – wer hat Ähnliches oder dazu Passendes schon einmal erzählt? Was waren die wichtigsten Eckpunkte dieser „Geschichten"?

____

____

____

____

____

____

Finden Sie nun einen roten Faden in der von Ihnen bearbeiteten Literatur. Benutzen Sie nur Zitate, die gemeinsam mit Ihren Überlegungen zu diesen Texten ein sinnvolles Ganzes ergeben *(vgl. Kapitel 6)*.

5. Nur bei produktiven Arbeiten: Erläuterung der Forschungsmethode

Wenn Sie eine produktive Arbeit schreiben und sich für eine Forschungsmethode entschieden haben, müssen Sie auch kurz erläutern, wie die Methode heißt und wie sie in Grundzügen funktioniert bzw. wie Sie bei Ihrer Mini-Forschung vorgegangen sind *(vgl. Kapitel 8)*. Welches Material, welches Feld etc. haben Sie gewählt und warum?

6. Eigentliche Untersuchung

Dieses Kapitel stellt den „Höhepunkt" Ihrer Geschichte dar. Hier werden endlich Antworten gegeben. Denn in diesem Kapitel geht es um die Beantwortung Ihrer Forschungsfrage: Was sind die Ergebnisse Ihrer Untersuchung? Was haben Sie herausgefunden, entdeckt, nachgewiesen, zusammengetragen ...? Geben Sie diesem Teil der Geschichte genügend Raum, schließlich ist das Ihr erster eigener Beitrag zur Wissenschaft – und Sie haben viel Zeit und Energie in die Beantwortung Ihrer Frage gesteckt!

Wenn Sie eine reproduktive Arbeit schreiben, liefern Sie hier eine schlüssige Zusammenfassung Ihrer Frage: Was ist der aus Ihrer Sicht aktuelle Forschungsstand zu Ihrem Thema? Bei einer reproduktiven Arbeit ist der Unterschied zwischen dem Kapitel Literaturanbindung und dem Kapitel Ergebnisse übrigens fließend: Sie dürfen hier Schwerpunkte nach Ihrem Geschmack setzen!

Wenn Sie eine produktive Arbeit schreiben, machen Sie hier Ihre Ergebnisse sichtbar: Was genau ist das Ergebnis Ihrer Mini-Forschung? Was bedeuten diese Ergebnisse? Wie interpretieren Sie diese? Welche Erklärungen finden Sie für Ihre Ergebnisse in der Literatur?

Schreiben Sie ruhig spannend, lassen Sie die Leserinnen und Leser teilhaben an den Schritten, die Sie gegangen sind: von der ersten Idee über die konkrete Materialbeschaffung und die Auswertung bis zum Verstehen und Interpretieren der Ergebnisse.

7. Zusammenfassung der Ergebnisse

Wie jede Geschichte hat auch Ihre irgendwann ein Ende. Um Ihre Arbeit gut abzuschließen, fassen Sie im letzten Kapitel alle wichtigen Erkenntnisse zusammen: Schauen Sie noch einmal zurück an den Anfang und vergleichen Sie Ihre ursprünglichen Interessen und Fragen mit den Ergebnissen. Trauen Sie sich auch zu sagen, welchen kleinen Beitrag Sie mit Ihrer Arbeit zu jenem Teil der Wissenschaft geleistet haben, in dem Sie Ihre Arbeit verorten. Vielleicht haben Sie auch eine gute Idee, wie Ihre Forschung weitergeführt werden könnte oder welche Fragen und Untersuchungen an diese Arbeit angeknüpft werden könnten? Hier ist auch Platz für eine kurze persönliche Reflexion: Was ist Ihr persönlicher Lernertrag und inwiefern beeinflusst diese Arbeit Ihre Studien- bzw. Berufswahl?

8. Literaturverzeichnis (und evtl. Abbildungsverzeichnis)

Zum Schluss erstellen Sie aus allen verwendeten Büchern, Zeitschriften und Internet-Links Ihr Literaturverzeichnis *(vgl. Kapitel 6)*. Wenn Sie Abbildungen verwenden, dann listen Sie diese mit den Quellen in der Reihenfolge ihres Erscheinens auf.

Wie überwinde ich die erste Hürde beim Schreiben?

Aller Anfang ist schwer, und die Angst vor dem leeren Blatt Papier kennen auch Profis nur zu gut. Die häufigsten Hürden sind im Kopf angesiedelt und haben mit der „Ehrfurcht“ vor dem wissenschaftlichen Schreiben zu tun. Folgende Überlegungen können Ihnen helfen, „lockerer“ an Ihren Text heranzugehen:

- Oft herrscht die Vorstellung, in einer wissenschaftlichen Arbeit einen ganz bestimmten Stil verwenden bzw. kopieren zu müssen: komplizierte Wörter, bloß keine „einfachen“ Sätze, hochtrabende Formulierungen usw. Gehen Sie es ganz „normal“ an: Wichtig ist nicht, wie Sie einen Satz formulieren, sondern was in dem Satz drinsteht! Durch das Lesen von Fachliteratur lernen Sie, wie Sie sich eines sachlichen Stils bedienen können.
- Ihr Text muss beim ersten Schreibdurchgang keineswegs „druckreif“ sein, wichtig ist vor allem, dass Sie alle Ihre Gedanken, Ideen und Vorarbeiten einbauen. Sätze „schöner machen“, das können Sie dann im zweiten Durchgang. Überfordern Sie sich bei der Rohfassung also nicht. Auch große Wissenschaftlerinnen und Wissenschaftler schreiben ihre Texte ein paar Mal um!
- Nutzen Sie Ihre bisherigen Notizen. Sie haben Angst, sich zu wiederholen? „Das kann ich doch nicht schon wieder so formulieren, das steht ja schon in meinem Abstract oder Exposee ...“ Das ist ein häufiger Irrtum. Im Gegenteil: Beziehen Sie sich auf Ihr bisher erarbeitetes Material!
- Keine Angst vor Banalität: Sie haben sich bereits mehrere Monate mit Ihrem Thema beschäftigt. Viele Ideen, die Sie im Laufe dieser Zeit entwickelt haben, kommen Ihnen nun vielleicht „banal“ oder „selbstverständlich“ vor, sie sind es aber keineswegs! Für die Leserinnen und Leser Ihrer Arbeit sind alle Ihre Gedanken neu, spannend und vor allem wichtig, weil sie Ihren Forschungsprozess sonst nicht nachvollziehen können. Erlauben Sie sich deshalb, alle Ihre Überlegungen zu Papier zu bringen, und filtern Sie nicht nur die „klügsten“ heraus. Stellen Sie sich einfach vor, für jemanden zu schreiben, der von Ihrem Thema noch gar keine Ahnung hat!
- Für das wissenschaftliche Schreiben gilt dasselbe wie für das Klavierspielen, Bogenschießen und Integralrechnen: Mit dem Üben kommt die Routine. Verlangen Sie deshalb keinen perfekten Text von sich, Ihre vorwissenschaftliche Arbeit ist ja nicht Ihr Meisterstück (wie etwa eine Diplomarbeit), sondern ein „Gesellenstück“: eine gute Möglichkeit zum ersten Einüben.

Folgende Schritte können Ihnen helfen, die ersten Sätze zu formulieren:

- Ordnen Sie Ihre Materialien in „Kapitel-Mappen" ein: Alle Notizen, alle Texte (z. B. Ihr Exposee), alle Überlegungen, die sich im Laufe der Zeit angesammelt haben, werden jetzt von Ihnen „verwertet".
- Finden Sie nun provisorische Überschriften für Ihre Kapitel – prägnante Schlagworte, die auf den ersten Blick vermitteln, worum es in diesem Kapitel gehen wird. Diese Überschriften müssen nicht kreativ oder elegant sein, sondern zunächst nur ihren Zweck erfüllen: Sie sind erste Inhaltsangaben für Ihren Text.
- Schreiben Sie nun zu jedem Kapitel die wichtigsten Stichwörter auf, die in Ihrer Geschichte vorkommen sollen. Machen Sie ruhig „wildes Brainstorming": Lesen Sie Ihre Materialien durch, erinnern Sie sich nochmals an alles, was Sie jemals zusammengetragen und gelesen haben, und schreiben Sie jeden Gedanken auf einen Zettel, der Ihnen zu diesem Kapitel einfällt.
- Bauen Sie im Geiste nun Ihre Geschichte auf – Anfang, Einbettung in die Geschichten anderer, Höhepunkt, Ende. Erkennen Sie Ihren roten Faden?
- Experimentieren Sie nun mit dem ersten Satz – wie könnte Ihre Geschichte beginnen?

„Fingerübung": Wie formuliert man den ersten Satz?

1. Erklären Sie ganz einfach, worum es geht, z. B. so: In dieser Arbeit geht es um ...

___

___

___

2. Legen Sie den Schwerpunkt auf Ihr ursprüngliches Interesse am Thema.
   Was genau hat Sie damals bei der Themenwahl am meisten angezogen?
   Versuchen Sie diese Begeisterung in Ihren ersten Satz zu gießen.

___

___

___

3. Finden Sie nun einen ganz anderen ersten Satz, mit dem Sie zunächst einmal Spannung erzeugen, aber noch nichts vorwegnehmen, z. B. durch eine provokante Frage, ein interessantes Zitat etc.

___

___

___

- Machen Sie sich bewusst, dass Ihre Geschichte eigentlich schon fertig ist und nur noch aufgeschrieben werden muss. Sie müssen nichts mehr erfinden, Sie müssen nur noch eine schriftliche Form finden für alles, was Sie in den letzten Monaten erarbeitet haben. Es geht also nicht darum, *was* Sie schreiben werden, sondern nur *wie* Sie es formulieren wollen.

- Es gibt nicht nur *eine* richtige Form, wie Ihre Geschichte aufgeschrieben werden kann, sondern unzählige. Ihre ist also auf jeden Fall „richtig", wenn Sie sich an die von Ihnen überlegte Struktur halten!
- Verlieren Sie den „Respekt" vor fremden Texten: Viele Schülerinnen und Schüler glauben, in jenen Teilen der Arbeit, in denen Theorien und Ideen anderer erläutert werden, ganz eng an den Texten bleiben zu müssen. Trauen Sie sich, Texte mit Ihren eigenen Worten zusammenzufassen. Wählen Sie mutig Schwerpunkte aus einem Text und lassen Sie – aus Ihrer Sicht – weniger Wichtiges weg.
- Und vor allem: Zensurieren Sie sich nicht schon bei der ersten Version – schreiben Sie Ihre Geschichte nach Ihren Vorstellungen. Lassen Sie sich nicht von irgendwelchen Klischees, wie „man" wissenschaftlich schreiben sollte, beirren. Konzentrieren Sie sich daher in der ersten Fassung vor allem auf den Inhalt. Beim zweiten und dritten Überarbeiten können Sie dann an der Formulierung feilen. Aber vergessen Sie nicht: Die „wissenschaftlichste" Formulierung ist nur eine leere Hülle, wenn der Aufbau und der Inhalt keinen Sinn ergeben!

Was zeichnet einen guten (vor-)wissenschaftlichen Text aus?

Eine der größten Schreibhürden beim „ersten Mal" ist die Unsicherheit, wie man wissenschaftlich formulieren soll. Klassische Klischees sind da z. B.: „Je komplizierter man formuliert, desto besser ist es!" „Nur keine kurzen Sätze!" „Mein persönlicher Schreibstil hat in so einer Arbeit nichts verloren!" Das Resultat sind dann manchmal Texte, die stilistisch nahe am Amtsdeutsch sind – korrekt und kunstvoll formuliert, aber leblos. So lange Sie ein paar einfache Grundregeln zur Stilistik beachten, können Sie also ruhig Ihren persönlichen Schreibstil beibehalten!

Gute wissenschaftliche Texte sind:

- genau argumentiert: Fakten ersetzen Behauptungen.
- nachvollziehbar: Alle Gedanken und Schlüsse werden belegt und plausibel gemacht.
- aus einem Guss: Alle Kapitel sind im gleichen Schreibstil und beziehen sich aufeinander.
- eher sachlich und nüchtern formuliert: Es sollen keine weitschweifenden, blumigen Formulierungen verwendet werden.
- logisch: Alle Inhalte sind nachvollziehbar.
- genau: Fremde Ideen werden genau zitiert und von eigenen unterschieden.
- nicht in der Ich-Form geschrieben: Sätze werden neutral formuliert. Achtung: Das heißt nicht, dass Sie alles in die „man"-Form setzen sollen! Das ist nämlich nicht wissenschaftlich, sondern nur schlecht getextet.
- objektiv: Die subjektive Meinung der Verfasserin bzw. des Verfasser ist nur in kleinsten Dosen erlaubt (z. B. in der Einleitung und im Schlussteil) und muss als solche gekennzeichnet werden („Meines Erachtens ...").
- intertextuell: Das bedeutet, dass die Arbeit mit anderen Texten verwoben ist (Literatur, Interviews, Protokolle ...).
- politisch korrekt: Allgemeine ethische Standards werden eingehalten (u. a. keine diskriminierenden Begriffe).
- geschlechtergerecht formuliert: Frauen und Männer werden sprachlich gleich behandelt (u. a. sichtbar gemacht durch Verwendung der Paarform – Schülerinnen und Schüler – oder von Sparformen – Schüler/innen bzw. SchülerInnen).
- anregend zu lesen: Die Sätze sind so gebaut, dass sie verständlich sind. Absätze setzen verschiedene Gedanken voneinander ab, sind aber trotzdem inhaltlich miteinander verbunden.
- nicht notgedrungen gespickt mit Fremdwörtern und seltenen Formulierungen: Auch mit einfachen Worten lassen sich klare, kluge, logische und lesbare Sätze bauen.
- grammatikalisch richtig sowie korrekt in der Rechtschreibung.

Was muss ich beim Lektorieren beachten?

Wenn Sie Ihre Rohfassung fertig geschrieben haben, geht es nun als letzten Schritt ans Lektorat. Erst danach ist Ihre Arbeit abgabefertig. Folgende Punkte sind beim Lektorieren zu beachten:

Satzspiegel formatieren

Das klassische wissenschaftliche Satzspiegel-Format hat folgende Randbreiten:

- Der Abstand von der oberen Papierkante bis zum Text beträgt 3 cm.
- Der Abstand von der unteren Papierkante bis zum Text beträgt 3 cm.
- Der Abstand von der linken Papierkante bis zum Text beträgt 3,5 cm.
- Der Abstand von der rechten Papierkante bis zum Text beträgt 2 cm.

Schrift formatieren

- Typische wissenschaftliche Schrifttypen sind entweder „Times New Roman" oder „Arial".
- Der Schriftgrad beträgt 12 Punkt.
- Der Zeilenabstand beträgt 1,5.
- Der Fließtext ist in Blocksatz zu formatieren.
- Absätze werden durch eine Leerzeile getrennt.
- Im Text werden keine Wörter fett gesetzt. Ausnahme: Das Wort ist im Originalzitat auch fett hervorgehoben. Auch unterstrichen wird nicht. Ebenso verwenden Sie keine Großbuchstaben. Wenn Sie unbedingt etwas hervorheben wollen, können Sie es entweder g e s p e r r t oder *kursiv* markieren.
- Überschriften dürfen **fett** gesetzt sein.
- Wörtliche Zitate im Fließtext sind immer unter Anführungszeichen und kursiv zu setzen. Längere wörtliche Zitate sind einzurücken und linksbündig, nicht kursiv, unter Anführungszeichen und mit einem Zeilenabstand von 1,0 zu setzen.

Auf Rechtschreibfehler prüfen

- Silbentrennungen aktivieren.
- Am Übergang von einer Seite zur nächsten sollen keine Worttrennungen erfolgen.
- Beginnen Sie eine neue Seite möglichst auch mit einem neuen Satz.
- Aufzählungen im Text werden mit arabischen Ziffern gestaltet, z. B. so:
  (1) Erste Aufzählung
  (2) Zweite Aufzählung
  (3) ...

Zitate kontrollieren

Sind alle Zitate ausreichend gekennzeichnet? Werden immer dieselben Zitierregeln beachtet? Stimmt das Literaturverzeichnis mit den verwendeten Zitaten überein?

Bildunterschriften kontrollieren

Sind die Abbildungen durchgehend nummeriert?

Überschriften formatieren

Paginieren (Seitenzahlen einfügen)

Die Seitenzahl steht meistens 1,5 cm von der oberen Papierkante mittig über dem Text, kann aber auch woanders positioniert werden.

Inhaltsverzeichnis erstellen

Titelseite erstellen

Zur Erinnerung: Die Titelseite, das Inhaltsverzeichnis, ein etwaiges Vorwort bzw. Ihre „Garantieerklärung“ sowie gegebenenfalls die vorangestellte Kurzfassung Ihrer Arbeit haben keine Seitenzahlen.

5

3. Die Anfänge der organischen Chemie

Erst im 18. Jahrhundert begriffen die Wissenschaftler den Unterschied zwischen organischen und anorganischen Substanzen: Manche Stoffe schmelzen oder verdampfen, wenn sie erhitzt werden, bei Absenkung der Temperatur kehrt aber der ursprüngliche feste Ausgangsstoff wieder zurück. Aber einige Substanzen *„verbrennen, verkohlen oder gerinnen“*[1]. Diese Gruppe von Stoffen wurden plötzlich als Produkte von Lebewesen erkannt und 1807 nannte Jöns Jakob Berzelius diese Stoffe *„organisch“*[2]. Bald fand man heraus, dass organische Stoffe sich vor allem durch zwei Faktoren von anorganischen unterscheiden: durch ihre Wertigkeit (auch Valenz genannt) und ihre Bindung.

Wertigkeit oder Valenz nennt man die Tatsache, dass die Atome verschiedener Elemente eine verschieden starke Bindekraft gegenüber den Atomen anderer Stoffe besitzen. Der französische Forscher Friedrich August Kekulé erkannte diese Tatsache als Erster am Kohlenstoff:

> „Betrachtet man nun die einfachsten Verbindungen dieses Elements […], so fällt es auf, daß die Menge Kohlenstoff, welche die Chemiker als geringstmögliche, als Atom erkannt haben, stets vier Atome eines einatomigen oder zwei Atome eines zweiatomigen Elements bindet; daß die allgemeine Summe der chemischen Einheiten der mit einem Kohlenstoffatom verbundenen Elemente gleich 4 ist. Dies führte zu der Einsicht, daß der Kohlenstoff vieratomig (oder vierbasisch) ist.“[3]

Mit dieser Entdeckung der Valenzen war plötzlich ein ganz neues Verständnis chemischer Verbindungen möglich. Man erkannte, dass organische Stoffe einen sehr komplizierten Aufbau haben: Sehr viele Atome, manchmal mehr als zehntausende, können sich zu einem Molekül verbinden.

[1] Hellemans, A. / Bunch, B. H.: Fahrplan der Naturwissenschaften. Ein chronologischer Überblick. München 1990, S. 332
[2] vgl. Schorlemmer, C.: Ursprung und Entwicklung der organischen Chemie. Leipzig 1984
[3] Kekulé, F. A., zit. in: Störig, H.-J.: Kleine Weltgeschichte der Wissenschaft. Frankfurt am Main 2007, S. 441

Abb. 31: Beispiel für eine fertig formatierte Seite

9

Fertigstellen und Abgeben

Lassen Sie Ihre Arbeit nun von Freundinnen und Freunden oder von Familienmitgliedern gegenlesen und korrigieren Sie noch Fehler, die Sie eventuell übersehen haben.

Nun haben Sie Ihren ersten wissenschaftlichen Text produziert: Sie können ihn ausdrucken (schwarze Schrift!). Ein letzter Tipp: Sparen Sie nicht beim Papier! Üblich ist eine Qualität von reinweißem Papier (80 g/m^2, DIN A4). Kopiert wird immer nur einseitig. Je nach Vorgabe der Schule lassen Sie dann Ihre Arbeit evtl. auch binden.

Abb. 32: Sie haben es geschafft – Ihre Arbeit ist fertig! Gratulation!

Das Wichtigste auf einen Blick

- Vor dem Schreiben steht das Sortieren: Bevor Sie mit dem Schreiben beginnen, bringen Sie alles, was Sie bisher erarbeitet haben, in eine sinnvolle Ordnung.
- Wie jeder gute Text ist auch eine vorwissenschaftliche Arbeit nichts anderes als eine „Geschichte“ mit einem Anfang, einem Hauptteil und einem Ende. Formulieren Sie den Kern und den Verlauf Ihrer Geschichte und behalten Sie diese „Storyline“ beim Schreiben immer im Blick.
- Jeder wissenschaftliche Text folgt einem bestimmten formalen Aufbau: Halten Sie sich beim Schreiben daran.
- Schreibhemmungen sind ganz normal – beginnen Sie mit einer Rohfassung, die noch nicht perfekt sein muss.
- Eine vorwissenschaftliche Arbeit soll vor allem zeigen, dass Sie gelernt haben, sich ein Thema unter einem wissenschaftlichen Aspekt Schritt für Schritt zu erarbeiten. Sie müssen keinen Wissenschaftspreis gewinnen, sondern nachweisen, dass Sie fähig sind, wissenschaftlich zu denken.
- Genauigkeit ist ein wichtiges Merkmal wissenschaftlicher Texte. Nehmen Sie sich daher Zeit beim Lektorieren.

Die Präsentation

LERNZIELE Nach dem Durcharbeiten dieses Kapitels

- ... wissen Sie, was von Ihnen im Rahmen der Präsentation verlangt wird. ☐
- ... wissen Sie, was eine gute mündliche Präsentation ausmacht. ☐
- ... können Sie Ihre Kerninhalte definieren. ☐
- ... wissen Sie, wie Sie Ihre Präsentation einüben. ☐
- ... können Sie eine visuelle Unterstützung produzieren (z. B. Flipchart oder Overheadfolie). ☐
- ... können Sie ein Handout erstellen. ☐
- ... werden Sie Ihre Arbeit professionell präsentieren. ☐
- ... können Sie mit der Prüfungskommission einen Diskurs über Ihre Arbeit führen. ☐

Die Präsentation im Rahmen der Reifeprüfung

Nachdem Sie Ihre Arbeit abgegeben haben, erstellt Ihre Betreuerin bzw. Ihr Betreuer ein Gutachten, in dem die Vorzüge und die Schwächen der Arbeit zusammengefasst werden, vergibt aber noch keine Note. Die Gesamtbeurteilung Ihrer Arbeit wird nämlich erst nach der Präsentation festgelegt. Diese wird voraussichtlich an einem eigenen Termin stattfinden, der nicht mit der mündlichen Reifeprüfung zusammenfällt. Den Termin legt die Schulbehörde fest. Die Dauer Ihrer Präsentation beträgt ca. zehn Minuten. In dieser Zeit werden Sie Ihre Arbeit im Rahmen eines Gespräches präsentieren: Sie werden nicht nur die wichtigsten Eckpunkte Ihrer Arbeit vorstellen, sondern auch Fragen der Prüfungskommission gut argumentiert beantworten. Sie können Ihre Präsentation auch in einer Fremdsprache halten, wenn Sie Ihre Arbeit in der Fremdsprache geschrieben haben. Die Zwischenfragen können aber trotzdem auf Deutsch gestellt werden. Wie Sie Ihre Arbeit präsentieren und argumentieren, bleibt Ihnen überlassen, wichtig ist, dass Sie mehr als eine reine Inhaltsangabe wiedergeben.

Um diesen wichtigen Teil der Beurteilung gut über die Bühne zu bringen, ist es also wichtig, sich intensiv darauf vorzubereiten.

Was macht eine gute Präsentation aus?

Egal, ob Sie eine Präsentation halten, die fünf Minuten dauert oder fünf Stunden: Es gibt einige Merkmale, die alle guten (wissenschaftlichen) Präsentationen auszeichnen:

- Ein klarer Anfang
- Ein klares Ende
- Ein inhaltlicher Höhepunkt
- Eine übersichtliche Struktur
- Eine aussagekräftige Zusammenfassung des Gesagten am Ende
- Die Beschränkung auf das Kernthema (= kein „Verzetteln“)
- Verständlichkeit
- Eine einfache visuelle Unterstützung
- Die genaue Einhaltung des Zeitrahmens
- Ruhe und Sicherheit
- Laut und langsam genug sprechen
- Evtl. eine schriftliche Begleitunterlage (ein „Handout“), die nicht zu viel vorwegnimmt, aber während der Präsentation hilft, den Überblick zu bewahren

Die Pfirsichmethode

Präsentationen entwickelt man am besten von innen nach außen: Zunächst definiert man einen „Kern“, also die allerwichtigste Information. Rund um diesen Kern kommt das „Fruchtfleisch“ – jene Inhalte, die den Kern erläutern und „schmackhaft“ machen. Zuletzt verpassen Sie Ihrer Präsentation eine „Schale“: Sie packen sie damit in einen Rahmen mit einem klaren Anfang und einem klaren Ende.

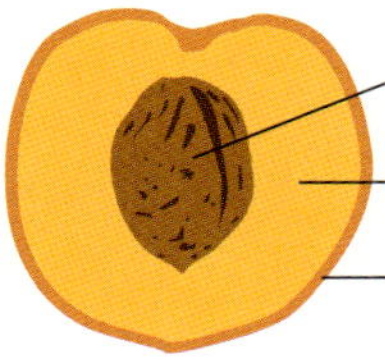

Abb. 33: Mit der Pfirsichmethode Inhalte schmackhaft machen

In neun Schritten zur gelungenen Präsentation

SCHRITT 1: Kerninhalt festlegen

In zehn Minuten ist es unmöglich, alle 15 bis 20 Seiten Ihrer Arbeit zu referieren. Starten Sie deshalb Ihre Vorbereitung mit der Definition Ihres Kerninhalts. Das gelingt am besten, indem Sie zunächst versuchen, den Inhalt Ihrer Arbeit in drei kurzen Sätzen zusammenzufassen. Oder anders ausgedrückt: Welche drei Inhalte sollte sich Ihr Publikum am Ende Ihrer Präsentation gemerkt haben? Halten Sie sich dabei an folgende Fragen:

- Was ist Ihr Thema?
- Wie haben Sie es bearbeitet?
- Was ist die wichtigste Erkenntnis?

Beispiel 1

- Ich wollte herausfinden, wie Jugendliche lernen, mit Diabetes Typ I umzugehen.
- Ich habe drei Interviews mit Betroffenen geführt.
- Sehr gut über das Krankheitsbild Bescheid zu wissen, hilft, einen normalen Alltag aufrechtzuerhalten.

Beispiel 2

- Ich habe mich mit der Entstehung des Nationalparks Hohe Tauern beschäftigt.
- Ich habe alte Zeitungsartikel gelesen und Interviews mit Zeitzeugen geführt.
- Die Errichtung hing eng mit der Formierung der Umweltbewegung zusammen.

Aufgabe

Fassen Sie Ihre Arbeit in drei kurzen Sätzen zusammen.

SCHRITT 2: Kerninhalt gliedern und erweitern

Im nächsten Schritt erweitern Sie diese „Minimalversion" Ihrer Arbeit so, dass Sie etwa fünf Minuten lang darüber referieren könnten. Bleiben Sie dabei eng an den Kernaussagen, nehmen Sie also keine gänzlich neuen Informationen dazu, sondern nur solche, die logisch zum Kerninhalt passen.

1. Was ist mein Thema?
2. Wie bin ich darauf gekommen?
3. In welchem wissenschaftlichen Themenbereich ist es angesiedelt?
4. Wie lautet meine Forschungsfrage?
5. Mit welchen Methoden habe ich diese beantwortet?
6. Was sind die drei wichtigsten Ergebnisse?
7. Was möchte ich zusammenfassend noch sagen?

Aufgabe
Schreiben Sie in Stichworten Ihre Inhalte so zusammen, dass Sie etwa fünf Minuten lang darüber referieren könnten.

____

____

____

____

____

____

____

SCHRITT 3: Rahmen festlegen

Gute Präsentationen haben einen klaren Anfang, ein klares Ende und einen inhaltlichen Höhepunkt. Das schafft Sicherheit beim Publikum: Es kann sich, wie im Theater, darauf verlassen, dass es einen nachvollziehbaren Rahmen für das Gesagte gibt.

Anfänge können ganz unterschiedlich gestaltet sein: als Frage, als Ankündigung oder als provokante These. Die Zuhörenden müssen nur wissen: Jetzt geht es los! Und vor allem: Jetzt wird es spannend!
Ausstiege sind meistens Zusammenfassungen, können aber auch in Frageform formuliert oder als Empfehlungen gestaltet werden. Wichtig ist die Botschaft: Jetzt ist es vorbei!
Der Höhepunkt ergibt sich aus den Inhalten; wichtig ist, dass Sie ihn innerhalb der Präsentation „ankündigen", indem Sie deutlich darauf hinweisen, dass jetzt etwas wirklich Wichtiges kommt.

Einstiegsbeispiele

- In meiner Arbeit geht es um eine heimtückische Krankheit, die man weder sehen, hören noch riechen kann: die Zöliakie. Was das ist und wie man es behandelt, werde ich Ihnen jetzt präsentieren.
- Träumt nicht jeder kleine Bub davon, ein Superheld zu sein? Was diesen Männertyp so erfolgreich macht, damit habe ich mich in meiner Arbeit beschäftigt.
- Wir werden alle überwacht! Warum das so ist und wie wir lernen können, damit umzugehen, erfahren Sie in den kommenden Minuten.

Ausstiegsbeispiele

- Zusammenfassend kann also gesagt werden: Ohne die Umweltbewegung hätte es den Nationalpark Hohe Tauern nie gegeben!
- Und zum Schluss noch ein Tipp: Wenn Sie das nächste Mal im Stress sind, versuchen Sie es doch mit ein paar Takten Harfenklängen!
- Letztlich bleibt die Frage offen: Werden wir die ganze Wahrheit über die Kindersoldaten je erfahren?

Aufgabe

Formulieren Sie jetzt den Einstieg, den Ausstieg und den Höhepunkt Ihrer Präsentation.

1. Einstieg: ____________________

____

____

____

____

2. Ausstieg: ____________________

____

____

____

____

3. Höhepunkt: ____________________

____

____

____

____

SCHRITT 4: Flipchart oder Overheadfolie vorbereiten

Präsentationen werden zu 55 % optisch, zu 38 % akustisch und nur zu 7 % inhaltlich wahrgenommen[1]. Um einen guten und kompetenten Eindruck zu hinterlassen, sollten Sie Ihre Präsentation daher grafisch unterstützen. Aber Vorsicht: Zu viel Unterstützung schadet der Aufmerksamkeit! Bei einer fünf- bis siebenminütigen Präsentation reicht *ein* Flipchart bzw. *eine* Overheadfolie völlig aus. Achten Sie bei der Overheadfolie auf eine Schriftgröße von mindestens 16 Punkt. Eine Powerpointpräsentation ist übrigens nur bei längeren Vorträgen von Vorteil, bei denen viel Erklärungsbedarf besteht, nicht jedoch bei so einer kurzen Präsentation. Gelungen visualisieren heißt, dem Publikum einen „Anker" zu geben, an dem es sich festhalten kann, und nicht, das Gesagte durch die optische Information zu verdoppeln oder gar zu ersetzen. Die Hauptattraktion sind immer Sie selbst und Ihr mündlicher Vortrag!

Der Inhalt Ihres Flipcharts oder Ihrer Overheadfolie kann entweder erklärend oder überraschend sein:

- Die Präsentation auf einen Blick, also Stichworte zu Ihrem Vortrag in der richtigen Reihenfolge
- Ein Bild, eine Grafik, ein Zitat ..., das erst durch Ihre Erläuterungen klar wird

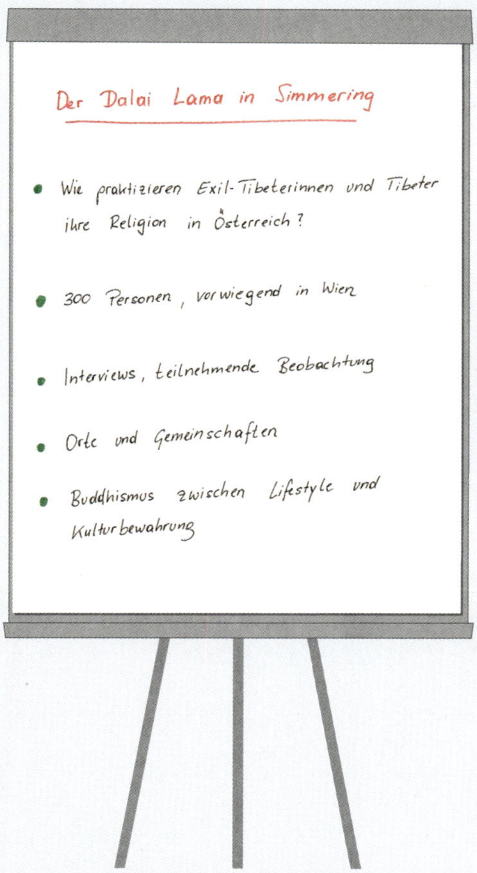

Abb. 34: Beispiel für eine Textinformation

Abb. 35: Beispiel für eine Bildinformation

[1] vgl. Mehrabian, Albert; Ferris, Susan R.: „Inference of Attitudes from Nonverbal Communication in Two Channels", in: Journal of Consulting Psychology, 31 (1967) 3, S. 248–252

Aufgabe

Erstellen Sie nun Ihr Flipchart bzw. Ihre Overheadfolie.
Benutzen Sie ruhig kräftige Farben.

SCHRITT 5: Handout vorbereiten

Wenn Sie möchten, können Sie zusätzlich zur visuellen Unterstützung auch ein Handout vorbereiten, also ein A4-Blatt, auf dem in Stichworten die wichtigsten Inhalte Ihrer Präsentation zusammengefasst sind. Ob Sie ein Handout mitliefern, bestimmt in der Regel Ihre Betreuerin bzw. Ihr Betreuer oder auch die Schule. Handouts werden nicht mit der Hand, sondern am Computer gestaltet und sollten nach folgenden Regeln erstellt werden:

- Unbedingt enthalten sein müssen: Name der Verfasserin bzw. des Verfassers, Name der Betreuerin bzw. des Betreuers, Name des Faches, in dem Sie Ihre Arbeit geschrieben haben, Titel der Arbeit
- Das Handout ist maximal eine Seite lang.
- Das Handout ist nur als Gedankenstütze zur mündlichen Präsentation gedacht und nicht als „Mitlesehilfe".
- Das Handout ist großzügig gestaltet (wenig Text, viel Zwischenraum).
- Das Handout ist farblich sparsam gestaltet.
- Das Handout darf höchstens ein grafisches Element beinhalten (Bild, Grafik ...).
- Das Handout enthält nur Schlagworte bzw. „Headlines", keine ganzen Sätze (also z. B. „Wir sind Papst" statt „Im April 2005 wurde Kardinal Ratzinger zum Oberhaupt der katholischen Kirche gewählt.") – ausgenommen sind wichtige Definitionen.
- Das Handout folgt dem zeitlichen Verlauf Ihrer Präsentation.
- Das Handout beinhaltet die wichtigsten Stichworte Ihres Vortrages, wie in Schritt 2 beschrieben!

Verfasserin: Katharina Henz
Betreuerin: Lektorin des Verlages E. DORNER
Fach: Vorwissenschaftliches Arbeiten

Rund um das Handout

- Handouts – wozu?
- Handouts – wie?
  - max. 1 A4-Seite
  - ist nur Gedankenstütze
  - ersetzt die Präsentation nicht
  - großzügig gestaltet
  - farblich sparsam gestaltet
  - darf auch ein Bild oder eine Grafik enthalten
  - nur Schlagworte
  - folgt dem Aufbau des Referates
  - enthält die wichtigsten Stichworte
- Die häufigsten Fehler:
  - zu viel Text
  - nicht chronologisch geordnet

Abb. 36: Beispiel für ein einfaches Handout

Aufgabe
Gestalten Sie Ihr Handout.

SCHRITT 6: Timing testen

Nachdem Sie nun alles vorbereitet haben, geht's an den ersten Test: Spielen Sie Ihre Präsentation mit einer Stoppuhr durch, inkl. Austeilen der Handouts und Aufhängen des Flipcharts bzw. Auflegen der Overheadfolie. Alles in allem sollten Sie in einem Rahmen von fünf bis sieben Minuten bleiben. Ob Sie sich versprechen oder unsauber formulieren, ist dabei nicht so wichtig, Sie sollen nur ein Gefühl für den Zeitbedarf bekommen!

SCHRITT 7: Üben, üben, üben

Präsentieren ist wie Klavierspielen oder Radfahren: Je öfter Sie es üben, desto sicherer werden Sie! Keine Präsentation ist gleich beim ersten Mal perfekt! Reden kann man nur durch Reden lernen! Die beste Übung ist also immer noch, Ihre Präsentation mehrmals vor Probepublikum (Familie, Freundeskreis) zu halten und sich Feedback zu holen:

Was war schon besonders gut und wo könnten Sie noch nachbessern? Wer mutig ist, kann auch eine Probe vor dem Spiegel machen! Machen Sie lustvoll Fehler beim Üben, denn wenn die Generalprobe schiefläuft, ist die Premiere meist ein voller Erfolg! Präsentationen werden zu mehr als 50 % optisch wahrgenommen. Das heißt nicht, dass das Publikum Ihnen nicht zuhört, sondern dass Ihre Wirkung sehr von Ihrer Körpersprache beeinflusst wird. Um Gestik, Mimik und Sprache zu „trainieren", probieren Sie einmal Folgendes aus:

- Beobachten Sie Rednerinnen und Redner (beispielsweise im Fernsehen oder auf Videoportalen im Internet), wie sie mit ihrer Körpersprache umgehen: Was kommt gut an, was nicht?
- Sagen Sie die folgende Sätze einmal so, dass Ausdruck und Inhalt zusammenpassen, und einmal so, dass beide in Kontrast zueinanderstehen:
  „Ich bin gespannt, wie Sie reagieren!"
  „Sie werden in den nächsten fünf Minuten sehr konzentriert sein müssen!"
- Wählen Sie einen wichtigen Satz aus Ihrer Präsentation und bringen Sie Ihre Körperhaltung einmal absichtlich in Übereinstimmung mit dem Inhalt, einmal absichtlich in Kontrast dazu.
- Versuchen Sie, den Höhepunkt Ihrer Präsentation nur durch Körpersprache anzukündigen.
- Sprechen Sie zwei Minuten über das Wetter und sagen Sie dabei so oft als möglich „Äh".
- Erfinden Sie einen Nonsens-Vortrag und gestikulieren Sie dabei einmal unterhalb, einmal oberhalb der Gürtellinie. Merken Sie den Unterschied?

Tipps und Tricks

- Vergessen Sie nicht, sich vorzustellen: Nicht alle Zuhörerinnen und Zuhörer kennen Sie bereits! Sie können das Publikum auch begrüßen.
- Achten Sie bei der Wahl Ihrer Kleidung auf dezente Farben, schließlich steht Ihr Gesicht im Mittelpunkt, nicht Ihr Outfit!
- Entschuldigen Sie sich nicht vor, während oder nach der Präsentation für Ihre Fehler, die Kommission weiß ohnehin, dass vor ihr eine aufgeregte Schülerin oder ein aufgeregter Schüler steht, und verzeiht kleine Stolperer gern!
- Lernen Sie Ihre Präsentation nicht auswendig, sondern reden Sie in freien Sätzen.
- Stellen Sie sich vor, Ihr Publikum besteht aus lauter guten Freundinnen und Freunden: Sie können ganz locker Ihre Geschichte erzählen!
- Laden Sie die Zuhörenden aktiv ein, Fragen zu stellen! Trauen Sie sich, ganz komplizierte Fragen nicht zu beantworten: „Diese Antwort würde den Rahmen hier sprengen, ich stehe Ihnen in der Pause aber gerne für weitere Diskussionen zur Verfügung!"
- Trauen Sie sich ruhig, laut zu sprechen. Ein mittelmäßiger Inhalt wird durch Flüstern auch nicht besser! Ein guter Inhalt kommt durch eine laute und deutliche Aussprache aber noch besser zur Geltung!
- Suchen Sie sich unter den Zuhörenden eine Person, der Sie vertrauen, und halten Sie immer wieder Blickkontakt zu ihr. Sie wird Sie durch wohlwollendes Nicken oder Lächeln unterstützen.
- Machen Sie vor dem Höhepunkt Ihrer Präsentation eine kurze „dramatische" Pause: „Jetzt kommen wir zum eigentlichen Punkt: (Pause) Wie genau kommunizieren illegale Sprayerinnen und Sprayer per Graffiti miteinander?"
- Wenn Sie merken, dass Sie bereits überziehen, trauen Sie sich, ein paar Inhalte wegzulassen, und widmen Sie dafür dem Ausstieg genug Zeit.

- Wenn Sie steckenbleiben, weil Ihnen das richtige Wort gerade nicht einfällt, wiederholen Sie einfach den Satz und suchen Sie ein anderes Wort.
- Wenn Sie einen „Hänger“ haben, bieten sich folgende Übergangssätze an: „Lassen Sie es mich anders formulieren“, „anders ausgedrückt“, „noch deutlicher formuliert“ ...
- Lächeln Sie Ihr Publikum ab und zu an, wenn der Inhalt es zulässt!
- Wenn Sie die erste Präsentation halten, nehmen Sie ruhig darauf Bezug: „Die erste Präsentation, die Sie heute hören, hat mit einem Rätsel aus der Biologie zu tun!“ Sind Sie „dazwischen“, können Sie auch Bezug auf Ihre Vorrednerinnen und Vorredner nehmen: „Wir machen jetzt einen sehr weiten Schritt von Algorithmen zu Abwässern, aber ich hoffe, es wird genauso spannend für Sie.“ Ebenso können Sie die Situation, als Letztes ins Rennen zu gehen, zur Aufmerksamkeitssteigerung nutzen: „Ich werde Sie jetzt mit der letzten Präsentation ein wenig herausfordern, und zwar mit einem Thema, das eigentlich tabu und peinlich ist.“

SCHRITT 8: Letzter Check

Am Ende Ihrer Vorbereitungen, am besten ein bis zwei Tage vor der Präsentation, machen Sie noch einmal einen Check:

Habe ich alles vorbereitet (Handout, Flipchart bzw. Overheadfolie)? ☐

Kenne ich den Raum, in dem die Präsentation stattfinden wird? Weiß ich, wie der Overheadprojektor funktioniert? Weiß ich, wo ich mein Flipchart aufhängen kann? Weiß ich, wo ich stehen werde und wo das Publikum sitzt? ☐

Weiß ich, wann ich drankomme? Zu Beginn? In der Mitte? Zum Schluss? ☐

Werde ich ausgeruht sein und werde ich ordentlich gefrühstückt haben? ☐

SCHRITT 9: Präsentieren

Jetzt steht einer gelungenen Präsentation nichts mehr im Wege! Und vergessen Sie nicht: SIE sind die Expertin bzw. der Experte zu Ihrem Thema! Niemand im Raum weiß mehr über Ihre Arbeit als Sie selbst! Sie können das Publikum also nur beeindrucken!

SCHRITT 10: Diskutieren

Nach Ihrer gelungenen Präsentation stehen Sie der Kommission noch für Fragen und weitere Ausführungen zur Verfügung: Sie führen so einen Diskurs, eine professionelle Diskussion, über Ihre Arbeit.
Gratulation, Sie haben die erste Hürde zur Reifeprüfung bereits geschafft!

! *Das Wichtigste auf einen Blick*

- Jede gute Präsentation braucht professionelle Vorbereitung.
- Jede Präsentation braucht einen zeitlichen und inhaltlichen Rahmen.
- Eine gute Präsentation beschränkt sich auf das Wesentliche (Kernthema).
- Üben Sie Ihre Präsentation vor einem Probepublikum und bereiten Sie sich auf Fragen vor.
- Visuelle „Anker“ (Flipchart bzw. Overheadfolie) helfen den Zuhörenden, sich zu konzentrieren.
- Ein Handout ist nur zur Unterstützung, nicht zum Mitlesen gedacht.
- Machen Sie sich mit der Raumsituation vertraut.

Besonderheiten beim Erstellen einer Teamarbeit

LERNZIELE Nach dem Durcharbeiten dieses Kapitels

- ... wissen Sie, wie sich eine Teamarbeit definiert. ☐
- ... kennen Sie die Vor- und Nachteile des gemeinsamen Arbeitens. ☐
- ... wissen Sie, worauf Sie achten müssen, wenn Sie zu zweit oder zu dritt arbeiten. ☐
- ... haben Sie genügend Tipps und Werkzeuge zur Teamsteuerung bekommen. ☐
- ... können Sie entscheiden, ob eine Teamarbeit für Sie sinnvoll ist. ☐
- ... können Sie eine gemeinsame Arbeit beginnen. ☐

Was heißt Teamarbeit beim vorwissenschaftlichen Arbeiten?

Teamarbeit ist unter genau definierten Voraussetzungen möglich: Eine Aufgabenstellung kann von höchstens drei Prüfungskandidatinnen bzw. -kandidaten bearbeitet werden, wobei die Themenbereiche so weit abgegrenzt werden müssen, dass die eigenständige Leistung der einzelnen Personen klar zu erkennen und zu beurteilen ist. Der größte Irrtum besteht also darin zu glauben, dass die Arbeit im Team weniger wird – im Gegenteil, gemeinsam zu arbeiten bedeutet um einiges mehr Aufwand als alleine! Wenn Sie alleine zwischen 45.000 und 60.000 Zeichen produzieren müssen (exklusive Inhalts-, Literatur- und Abbildungsverzeichnis; das entspricht ca. 15 bis 20 Seiten à 300 Wörter pro Seite), so ist es zu zweit das Doppelte und zu dritt das Dreifache! Sie ersparen sich also nicht nur inhaltlich nichts, sondern müssen sich auch in allen Phasen des Arbeitsprozesses zusätzlich mit Ihren Kolleginnen bzw. Kollegen abstimmen! Dennoch hat das Arbeiten im Team nicht nur Nachteile, sondern vor allem auch eine Menge Vorteile. Wenn Sie gut zusammenarbeiten, werden Sie voraussichtlich eine gehaltvollere und spannendere Arbeit produzieren als alleine. Nicht umsonst ist Teamarbeit, vor allem in den Naturwissenschaften, heute die beliebteste und erfolgreichste Forschungsstrategie! Die wichtigsten Gründe dafür sind:

- Manche Arbeiten können schneller erledigt werden.
- Gemeinsam hat man mehr Ideen.
- Jede und jeder einzelne hat spezielle Kenntnisse und Ressourcen.
- Arbeitsteilung ist möglich.
- Gemeinsamkeit erzeugt mehr Energie.

Abb. 37: Im Team macht es auch mehr Spaß!

11

Vorteile und Nachteile des gemeinsamen Arbeitens

VORTEILE	NACHTEILE
Teamarbeit ist eine der wichtigsten Arbeitsformen an Hochschulen und Universitäten – wenn Sie also diese Aufgabe jetzt schon gut meistern, haben Sie einen großen Schritt in Richtung „Studierfähigkeit" gemacht!	Im Team zu arbeiten, erfordert wesentlich mehr Aufwand als alleine: mehr Abstimmung, mehr Planung, mehr Dokumentation.
Gemeinsam zu arbeiten, ist kreativer: Zwei (bzw. drei) Gehirne kommen auf andere Ideen als eines!	Die eigenen Ideen können sich nicht immer durchsetzen.
Gemeinsam kann eine viel umfangreichere Arbeit erstellt werden: Zum selben Thema kann eine bessere Recherche durchgeführt und mehr Literatur gelesen werden, bei der eigentlichen Untersuchung kann mehr in die Tiefe gegangen werden, es können auch interessantere Interpretationen erstellt werden etc.	Es entsteht leicht Ungerechtigkeit über die Verteilung der Arbeit: Haben alle gleich viele bzw. gleich „wichtige" Arbeitsschritte erledigt? Und: Nicht alle haben den gleichen Anspruch: Was für den einen unverzichtbar ist, ist für die andere untergeordnet. Das bedeutet einen ständigen Aushandlungsprozess über die Wichtigkeit von Details.
Die gegenseitige Motivation bei Durchhängern spielt eine große Rolle: Einer hat immer gerade mehr Energie als der andere!	Man muss Rücksicht nehmen auf die Zeitplanung der bzw. des anderen (z. B. Urlaube oder verlängerte Wochenenden, Prüfungstermine ...).
Wenn man einen „Schreib-Hänger" hat, gibt es immer jemanden, die bzw. den man fragen oder um Hilfe bitten kann!	Jede und jeder hat einen eigenen Schreibstil – beim Lektorieren ist es oft mühsam, ein gemeinsames Ganzes daraus zu machen.

Was macht gute Teamarbeit aus?

Teams sind etwas anderes als Gruppen: Ein Team wird erst durch ein gemeinsames Ziel zum Team!

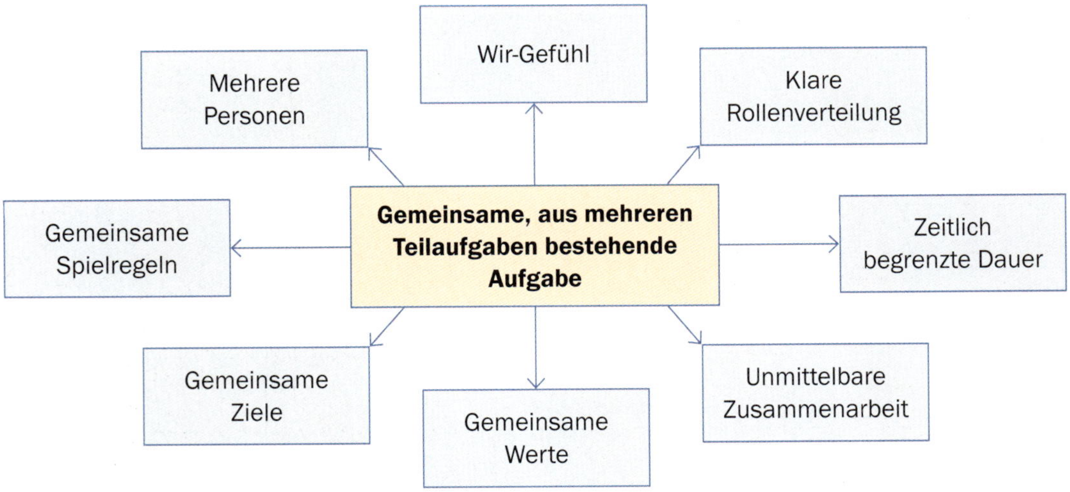

Abb. 38: Faktoren für eine gute Teamarbeit

Wie gut das Erreichen des gemeinsamen Zieles gelingt, hängt von mehreren Faktoren ab:

- Haben alle dasselbe Ziel?
- Wie ernst nehmen die einzelnen Mitglieder des Teams dieses Ziel?
- Gibt es eine klare Aufgabenverteilung?
- Wie gut kennen sich die Mitglieder?
- Welche Konflikt- bzw. Kommunikationstypen treffen aufeinander?
- Mit welchen Erwartungen kommen die Teammitglieder zusammen?

Warum sind Ziele so wichtig?

Das Ziel einer Teamarbeit ist doch eigentlich offensichtlich: Alle wollen die dritte Säule der Reifeprüfung, nämlich die vorwissenschaftliche Arbeit, positiv absolvieren. Was aber heißt positiv? Ist Ihr gemeinsames Ziel eine exzellente Arbeit zu verfassen, die in die Geschichte des vorwissenschaftlichen Arbeitens Ihrer Schule eingeht? Oder würde Ihnen auch ein „Genügend" reichen? Wollen Sie eine besonders außergewöhnliche Arbeit schreiben zu einem Thema, das garantiert originell und einzigartig ist? Oder ist Ihnen das Thema eigentlich egal, Hauptsache, Sie können miteinander arbeiten? Wenn Sie diese Fragen nicht untereinander geklärt haben, *bevor* Sie mit der eigentlichen Arbeit beginnen, wird es über kurz oder lang zum Konflikt kommen. Der erste und wichtigste Schritt bei der Teamarbeit ist daher, ein gemeinsames Ziel zu definieren! Die sieben W-Fragen können Ihnen dabei helfen, Ihr gemeinsames Ziel zu konkretisieren:

1. **WAS** soll erreicht werden? (Wir wollen gemeinsam eine vorwissenschaftliche Arbeit produzieren und präsentieren, alle Teammitglieder sollen positiv beurteilt werden.)
2. **WIE VIEL** soll erreicht werden? (Wie gut soll die Beurteilung sein? Welche Ansprüche haben wir?)
3. **WIE** soll das Ziel erreicht werden? (Alle machen alles? Oder lieber aufgeteilt?)
4. **WER** soll das Ziel erreichen? (Ist es auch okay, wenn die einzelnen Teile der Arbeit unterschiedlich benotet werden?)
5. **WANN** soll das Ziel erreicht sein? (Bis wann wollen wir die Arbeit fertig gestellt haben?)
6. **WO** soll das Ziel erreicht werden? (Wer soll unsere Betreuerin bzw. unser Betreuer sein?)
7. **WARUM** soll das Ziel erreicht werden? (Was ist unsere Motivation, im Team zu arbeiten?)

Aufgabe

Schreiben Sie Ihre persönliche Zieldefinition auf und vergleichen Sie diese dann mit Ihren (potentiellen) Kolleginnen und Kollegen.

____

____

____

____

____

____

Worauf müssen Sie konkret achten?

Die Abstimmung beginnt bei der gemeinsamen Zieldefinition und endet nach der gemeinsamen Präsentation der Arbeit. Dazwischen liegen viele Arbeitsschritte, bei denen Sie sich immer wieder absprechen müssen:

- Projektplanung im Team
- Themenwahl, Erstellung eines Abstracts und Finden einer Betreuerin bzw. eines Betreuers
- Dokumentation der Arbeit – das gemeinsame Projektprotokoll
- Definition der Forschungsfrage
- Recherche und Bearbeitung von Literatur
- Methodenwahl und -durchführung
- Schreiben der Arbeit
- Vorbereitung der Präsentation

Tragen Sie sich im Kalender regelmäßige Treffen ein, z. B. alle zwei Wochen je zwei Stunden. Manchmal dauert so ein Arbeitstreffen nur einige Minuten, da gerade keine konkreten gemeinsamen Aufgaben zu bearbeiten sind. Manchmal werden Sie die Zeit gut nutzen können, da viele gemeinsame Schritte zu überlegen sind.

Legen Sie am Ende jedes Treffens das Thema für das nächste Meeting fest. Und bestimmen Sie für jedes Treffen eine oder einen Verantwortlichen, die bzw. der darauf achtet, dass wirklich nur die Themen bearbeitet werden, die Sie sich für das Treffen vorgenommen haben, dass Sie mit Ihrer Aufgabe fertig werden und dass alles, was Sie gemeinsam erarbeitet haben, auch dokumentiert wird!

SCHRITT 1: Projektplanung im Team

Wenn Sie einen gemeinsamen Projektplan erstellen, müssen Sie nicht nur festlegen, WAS Sie WANN machen, sondern auch WER für welche Arbeitspakete die Verantwortung trägt. Sie müssen also Ihren Projektplan *(vgl. Kapitel 3)* um die Spalte „Wer“ erweitern.

- Gemeinsames Definieren der Gesamtprojektlaufzeit
- Gemeinsames Brainstorming aller zu erledigenden Aufgaben
- Gemeinsames Umwandeln der Aufgabenliste in Arbeitspakete
- Gemeinsames Verteilen der Arbeitspakete (Was machen wir gemeinsam? Was getrennt?)
- Gemeinsames Definieren von Zielen für jedes Arbeitspaket
- Gemeinsames Einteilen der Arbeitsphasen in Arbeitspakete
- Gemeinsames Planen von Treffen (Wie oft? Wann? Wie lange? Wo?)
- Gemeinsames Definieren von wichtigen Meilensteinen
- Abgestimmter Ressourcen-Check: Kommen uns bei unserem Plan andere Projekte in die Quere? (Wer macht wann Urlaub? Wer hat wann eine wichtige Prüfung? ...)

Projektplan von: ______________________ **Datum:** ____________

Meilensteine:	Aufgaben bis dahin:	Macht wer:	Dauert insgesamt:	Fertig am:

Manche Arbeitsschritte eignen sich besonders gut für das Erarbeiten im Team, manche sind besser in Einzelarbeit zu erledigen. Eine Aufteilung in „Gemeinsam“ bzw. „Verteilt“ könnte beispielsweise so aussehen:

GEMEINSAM	VERTEILT
▪ Projektplanung erstellen	
▪ Themenbrainstorming machen	
▪ Sich auf ein Thema festlegen	
▪ Betreuerin bzw. Betreuer finden und ansprechen	
▪ Vorläufigen Titel finden	
▪ Sich mit der Betreuerin bzw. dem Betreuer auf das Thema einigen	▪ Erste grobe Literaturrecherche durchführen
▪ Projektplan fertig stellen	▪ Abstract schreiben
▪ Sich mit der Betreuerin bzw. dem Betreuer auf den Projektplan einigen	▪ Mit dem Projektprotokoll beginnen
▪ Thema einreichen	
▪ Entscheidung treffen, ob eine produktive oder eine reproduktive Arbeit geschrieben werden soll	
▪ Forschungsfrage definieren	
▪ In den passenden wissenschaftlichen Kontext einbinden	
▪ Weitere Arbeitsschritte aufteilen	
▪ Geeignete Methode im Falle einer produktiven Arbeit finden	▪ Methodenliteratur recherchieren
▪ Geeignete Literatur im Falle einer reproduktiven Arbeit festlegen	▪ Literatur gezielt suchen
▪ Exposee mit der Betreuerin bzw. dem Betreuer abstimmen	▪ Exposee schreiben
▪ Forschungsplan erstellen	▪ Forschung durchführen
▪ „Storyline“ festlegen	▪ Forschung auswerten
▪ Vorläufiges Inhaltsverzeichnis festlegen	▪ Ergebnisse dokumentieren
	bzw.
▪ Endgültiges Inhaltsverzeichnis erstellen	▪ Literatur durcharbeiten
▪ Endgültigen Titel finden	▪ Literatur auswerten
▪ Arbeit abgeben	▪ Ergebnisse dokumentieren
	▪ Alle erarbeiteten Materialien sichten und den Kapiteln zuordnen
	▪ Kapitel schreiben
	▪ Literaturverzeichnis erstellen
	▪ Arbeit formatieren
▪ Präsentationsinhalte definieren	▪ Arbeit korrigieren und lektorieren
▪ Präsentation konzipieren	▪ Deckblatt erstellen
▪ Präsentation üben	▪ Arbeit ausdrucken und evtl. binden
▪ Sich auf Fragestellungen vorbereiten	▪ Handout erstellen
▪ Präsentieren	▪ Flipchart oder Overheadfolie erstellen

SCHRITT 2: Themenwahl, Erstellung eines Abstracts und Finden einer Betreuerin bzw. eines Betreuers

Beim Brainstorming zeigt sich eine der Stärken der Teamarbeit: Mehrere Ideen treffen aufeinander, befruchten sich, erzeugen neue Ideen, rufen neue Aspekte hervor usw. Folgende Arbeitsschritte könnten Ihnen helfen, Ihr Brainstorming zu strukturieren *(vgl. Kapitel 4)*:

- Damit Ihr Brainstorming besonders effizient wird, können Sie es wie ein gegenseitiges Interview gestalten: Lesen Sie einander gegenseitig die Brainstorming-Fragen aus *Kapitel 4* laut vor und schreiben Sie jeweils als Interviewerin bzw. Interviewer alles auf, was der bzw. dem Interviewten einfällt.
- Geben Sie nun allen gesammelten Ideen Bewertungspunkte. Insgesamt fünf Punkte stehen pro Person zur Verfügung. Diese dürfen alle für eine Idee oder verteilt auf verschiedene Ideen vergeben werden.
- Arbeiten Sie dann mit den beiden „Siegerideen" weiter: Was fällt Ihnen dazu gemeinsam noch ein? Wie müssten Sie diese Ideen modifizieren, damit es sich um „ein richtig gutes Thema" handelt?
- Entscheiden Sie sich jetzt für ein Thema.
- Erarbeiten Sie nun gemeinsam ein Mindmap, um das Thema zu konkretisieren, oder schreiben Sie alle interessanten Aspekte, die Ihnen zu diesem Thema einfallen, auf und clustern Sie dann zusammenpassende Ideen.
- Einigen Sie sich auf einen Ideencluster und ordnen Sie diesem gemeinsam eine mögliche wissenschaftliche Disziplin zu.
- Vereinbaren Sie einen neuen Termin, etwa drei Tage später. Recherchieren Sie in der Zwischenzeit im Internet wild drauflos: Was findet sich zu Ihrem Thema alles im World Wide Web?
- Einigen Sie sich beim nächsten Treffen auf ein Thema und erarbeiten Sie gemeinsam die Inhalte Ihres Abstracts *(vgl. Kapitel 4)*. Legen Sie gemeinsam einen Arbeitstitel fest. Schlagen Sie in Frage kommende Betreuerinnen und Betreuer vor und diskutieren Sie Vor- und Nachteile der jeweiligen Lehrperson. Einigen Sie sich auf eine Betreuerin bzw. einen Betreuer (und auf eine Ersatzperson, falls Sie mit Ihrem Thema dort auf Ablehnung stoßen).
- Beauftragen Sie jemanden von Ihnen, das Abstract ins Reine zu bringen und per E-Mail an alle zu verteilen, damit noch Anmerkungen gemacht werden können.
- Beauftragen Sie eine weitere Person, einen Termin mit der Betreuerin bzw. dem Betreuer zu vereinbaren, bei dem die Themenidee und das Abstract vorgestellt wird.

SCHRITT 3: Dokumentation der Arbeit – das gemeinsame Projektprotokoll

Das Erstellen des Projektprotokolls folgt den gleichen Prinzipien wie bei einer Einzelarbeit. Der einzige Unterschied ist, dass Sie genau mitdokumentieren, wer welche Arbeitsschritte erledigt hat. Sie erweitern also das Protokoll um die Spalte „Wer".

Arbeitsschritt	Zeitraum	Erläuterungen	Ergebnis	Wer hat was gemacht? Wie ging es uns dabei im Team?

Beim Befüllen des Projektprotokolls gibt es zwei Möglichkeiten:

- Sie „rotieren" die Protokollarbeit im Team: Jeden Monat ist ein anderes Teammitglied für das Protokoll verantwortlich.
- Sie erledigen die Protokollarbeit immer gemeinsam im Anschluss an ein Teamtreffen.

SCHRITT 4: Definition der Forschungsfrage

Wenn Sie gemeinsam eine Forschungsfrage definieren, müssen Sie sich auch darauf einigen, ob Sie eine produktive oder eine reproduktive Arbeit schreiben wollen.

- Das Definieren der Forschungsfrage eignet sich besonders gut für die Teamarbeit – denn gerade die „W"-Fragen lassen sich zu zweit bzw. zu dritt viel intensiver beantworten, weil jede Frage neue Assoziationsketten hervorruft.
- Schränken Sie sich beim Formulieren der Fragen nicht ein: Je mehr Aspekte Sie gemeinsam finden, desto besser *(vgl. Kapitel 5)*!
- Wenn Sie Ihre vielen Unterfragen geclustert haben, gehen Sie wie bei der Themenwahl vor: Vergeben Sie jeweils fünf Punkte!
- Formulieren Sie nun jede und jeder für sich zwei bis drei mögliche Forschungsfragen zum „Siegercluster".
- Vergleichen Sie Ihre Forschungsfragen und einigen Sie sich auf eine gemeinsame Formulierung.

SCHRITT 5: Recherche und Bearbeitung von Literatur

Neben dem Verteilen der „Schreibarbeit" der Arbeit ist die Verteilung der „Lesearbeit" wahrscheinlich die heikelste Teamentscheidung: Da Sie ja im Team arbeiten, müssen Sie auch mehr Literatur lesen und bearbeiten. Am besten, Sie gehen folgendermaßen vor:

- Teilen Sie das Recherchieren von geeigneter Literatur untereinander auf!
- Achtung: Wenn Sie sich auf eine reproduktive Arbeit geeinigt haben, müssen Sie entsprechend mehr Literatur suchen und finden als bei einer produktiven!
- Sichten Sie gemeinsam die Ergebnisse: Welche Bücher, Artikel, Links haben die Teammitglieder gefunden? Welche scheinen besonders vielversprechend? Welche Werke machen für alle Sinn?
- Wer möchte was lesen? Wenn es keine Einigung gibt, wird gelost!
- Nach der Lesephase treffen Sie einander wieder und stellen einander Ihre Literatur vor: Was sind die wichtigsten Inhalte? Was sind die zentralen Argumente? Wie passen die Texte zum Thema bzw. zur Forschungsfrage? Lässt sich ein gemeinsamer roter Faden durch alle Texte erkennen? Wiederholen sich manche Inhalte? Gibt es Widersprüche?
- Finden Sie gemeinsam eine Struktur, wie man das Gelesene sinnvoll miteinander in Beziehung setzen könnte: Welche Kapitel ergeben sich?
- Verteilen Sie nun die Kapitel für das anschließende Schreiben.

SCHRITT 6: Methodenwahl und -durchführung

Wenn Sie sich im Team auf die Durchführung einer produktiven Arbeit geeinigt haben, kommt nun einer der spannendsten Teile der Teamarbeit - das gemeinsame Forschen.

- Schreiben Sie das Thema und die Forschungsfrage noch einmal für alle sichtbar auf (z. B. auf ein Flipchart).
- Machen Sie gemeinsam ein Brainstorming, wie man die Forschungsfrage am besten beantworten könnte, und einigen Sie sich auf eine Methode.

- Machen Sie sich nun getrennt voneinander schlau zur Methode: Wo im Internet oder in Büchern finden Sie „Anleitungen“ dazu? Welche Hilfestellungen kann Ihnen Ihre Betreuerin bzw. Ihr Betreuer geben?
- Planen Sie die konkreten Forschungsschritte wieder miteinander, denn das sogenannte Forschungsdesign sollten Sie in jedem Fall gemeinsam festlegen: Wen oder was genau wollen wir beforschen? Was brauchen wir dazu? Wie organisieren wir uns allenfalls fehlende Hilfsmittel? Was müssen wir vorbereiten? Wie führen wir die Forschung durch? Wie dokumentieren wir unsere Ergebnisse? Wie werten wir sie aus?
- Bei der Aufteilung der Arbeiten haben Sie wieder zwei Möglichkeiten:
  - Alle machen alles: Jede und jeder führt einen Teil der Forschung durch, dokumentiert ihn und wertet ihn auch aus.
  - Sie forschen arbeitsteilig: So könnte man z. B. Durchführung und Auswertung trennen sowie die Dokumentation aufteilen.

SCHRITT 7: Schreiben der Arbeit

Bei einer Teamarbeit müssen die Themenbereiche so weit abgegrenzt werden, dass die eigenständige Leistung jedes Teammitglieds klar erkennbar und beurteilbar ist. Welche Leistung Sie als Individuum in einem Team erbracht haben, zeigt sich für die Beurteilung einerseits im Projektprotokoll, andererseits aber vor allem in der Aufteilung der Kapitel der Arbeit *(vgl. Kapitel 9)*. Die Herausforderungen bei der Aufteilung also sind:

- Alle sollen gleich viele Seiten schreiben.
- „Leichtere“ und „schwerere“ Kapitel sollten gerecht aufgeteilt sein.
- Alle sollten jede „Sorte“ von Kapiteln mitschreiben: also einen Teil der Einleitung, einen Teil der Literaturanbindung, einen Teil der Forschung, einen Teil der Zusammenfassung.
- Die so entstandenen Kapitel sollten miteinander wie „aus einem Guss“ erscheinen.

Am besten gehen Sie dabei folgendermaßen vor:

- Legen Sie gemeinsam die „Storyline“ Ihrer Arbeit fest *(vgl. Kapitel 9)*.
- Erstellen Sie gemeinsam ein Inhaltsverzeichnis der Arbeit.
- Legen Sie fest, wie viele Seiten die einzelnen Kapitel umfassen sollen.
- Skizzieren Sie jedes Kapitel mit ein paar Stichworten und legen Sie vorläufige Überschriften fest.
- Teilen Sie sich nun die Kapitel untereinander auf: Manche Kapitel werden Sie gemeinsam schreiben (z. B. die Einleitung). Entscheiden Sie, wer welchen Teil übernimmt (z. B. Themenvorstellung und Interessenszusammenhang; grober aktueller Stand der Wissenschaft und Forschungsfrage, Überblick über die Arbeit).
- Manche Kapitel können Sie gut durch Unterkapitel aufteilen, z. B. die Literaturanbindung.
- Überprüfen Sie, ob alle ungefähr gleich viele Seiten zu schreiben haben bzw. ob der Arbeitsaufwand annähernd gleich verteilt worden ist.
- Beginnen Sie nun arbeitsteilig zu schreiben und legen Sie fertige Kapitel auf einem gemeinsamen Projektordner ab.

- Treffen Sie sich einmal in der Mitte der Schreibphase und tauschen Sie Ihre Erfahrungen aus.
- Treffen Sie sich wieder, sobald alle Kapitel fertig geschrieben sind. Drucken Sie vorher alles aus, montieren Sie nun alle Textteile zusammen und prüfen Sie: Gibt es Brüche im Schreibfluss? Beziehen sich die Kapitel chronologisch aufeinander? Fehlen wichtige Inhalte? Korrigieren Sie die Arbeit inhaltlich gemeinsam. Und: Legen Sie den Titel der Arbeit endgültig gemeinsam fest!
- Teilen Sie sich die Korrekturphase auf: Korrigieren Sie dabei nicht Ihren eigenen Teil, sondern einen „fremden" – Rechtschreib- und Formulierungsfehler lassen sich so viel besser entdecken! Kopieren Sie alle Literaturangaben gleich ins Literaturverzeichnis. Erstellen Sie gegebenenfalls ein Abbildungsverzeichnis.
- Teilen Sie sich nun die Endphase wieder gerecht auf: Wer formatiert den Text? Wer erstellt das Deckblatt bzw. das Inhaltsverzeichnis? (Nicht vergessen: Markieren Sie im Inhaltsverzeichnis, wer für welche Teile verantwortlich ist!) Wer kontrolliert das Literaturverzeichnis? Wer sorgt für das Ausdrucken, Kopieren und Binden?

SCHRITT 8: Vorbereitung der Präsentation

Zuletzt müssen Sie sich noch als Team der Präsentation Ihrer Arbeit vor der Kommission stellen: Sie müssen dabei sowohl Ihr gemeinsames Thema gut ins Licht rücken als auch mit Ihren Teamqualitäten überzeugen! Möglicherweise bekommen Sie als Team mehr Zeit zur Verfügung als Einzelpersonen, rechnen Sie also mit einer Mindestdauer von zehn Minuten und einer maximalen Länge von etwa zwanzig Minuten. Die Klärung der Zeitfrage steht daher auch am Anfang Ihrer Präsentationsvorbereitung!

Bei der weiteren Vorbereitung geht es vor allem darum, ein gemeinsames Bild Ihrer Arbeit herzustellen. Gehen Sie dabei folgendermaßen vor:

- Definieren Sie gemeinsam die Kerninhalte Ihrer Präsentation *(vgl. Kapitel 10)*.
- Gliedern und erweitern Sie dann Ihre Inhalte.
- Legen Sie nun fest, wer für den Einstieg und wer für den Ausstieg der Präsentation verantwortlich ist.
- Überlegen Sie, ob – und wenn ja, wie – Sie Ihre Präsentation optisch unterstützen wollen (Flipchart oder Overheadfolie) und wer dafür zuständig ist.
- Entscheiden Sie auch, ob Sie ein Handout produzieren wollen: Was soll es beinhalten und wer ist dafür zuständig?
- Teilen Sie sich nun die Zeit gut auf: Wer möchte welchen Teil präsentieren? Wie gestalten Sie die Übergänge?
- Bauen Sie die Ankündigung, wer welchen Teil präsentieren wird, in den Einstieg ein.
- Bauen Sie eine kurze Reflexion Ihrer Teamarbeit in den Ausstieg ein: Wie ist es uns miteinander gegangen? Warum wollten wir als Team arbeiten? Wie haben wir uns die Arbeit aufgeteilt?
- Spielen Sie die Präsentation mehrmals gemeinsam durch, mindestens einmal auch vor „Probepublikum".
- Bereiten Sie sich gemeinsam im Brainstorming auf allfällige Fragen vor: Was könnte die Kommission von Ihnen wissen wollen?

... und wenn es doch einmal zum Konflikt kommt?

Den meisten von Ihnen wird es kaum gelingen, über mehrere Monate miteinander zu arbeiten, ohne irgendwann einmal miteinander in Konflikt zu geraten. Bei einem so großen Projekt ist das ganz normal: Die meisten Streitigkeiten lassen sich auch in kürzester Zeit wieder beheben! Und: Konflikte sind, so paradox das klingt, auch wertvoll:

- Konflikte bringen Ideen, Logiken und Wirklichkeiten miteinander ins Gespräch.
- Es gibt nicht nur *eine* Wirklichkeit: Andere Sichtweisen erweitern den Horizont.
- Es gibt nicht nur *eine* Lösung: Durch einen Konflikt ergeben sich oft neue, überraschende Wege.

Die meisten Probleme lassen sich außerdem mit einer guten Projektplanung bereits im Vorfeld abfedern – wenn klar ist, wer wann welche Aufgaben übernehmen wird bzw. alle sich auf ein gemeinsames Ziel geeinigt haben, ist das Risiko eines arbeitsbehindernden Konflikts ziemlich gering.

An folgenden „neuralgischen" Punkten kann es dennoch zum Konflikt kommen:

- **Einigung auf ein gemeinsames Thema:** Können alle die eigenen Interessen unterbringen? Gibt es Missverständnisse bezüglich der weiteren Vorgehensweise? Entwickelt sich das Thema in eine Richtung, die „so" nicht besprochen wurde?
- **Aufteilung der Arbeit:** Haben alle gleich viel zu tun? Hat jemand das Gefühl, „alles" machen zu müssen?
- **Definition von Qualität:** Haben alle dieselben Ansprüche an die Qualität der Arbeit? Gibt es unterschiedliche Bilder und Vorstellungen, was eine „gute" Arbeit ausmacht? Stehen sich Genauigkeit und Effizienz im Weg?
- **Urlaubsplanung und Termintreue:** Investiert jemand viel Zeit und Energie über die Sommermonate, während andere Ferien machen? Kann dieses Ungleichgewicht im Herbst wieder ausgeglichen werden? Werden die Arbeitspakete immer bis zum vereinbarten Termin erledigt?

Woran erkennen Sie, dass die Teamarbeit in einer kritischen Phase ist?

Nicht alle Konflikte werden offen ausgetragen: Ärger und Frustration zeigen sich meist zuerst in verdeckter Form. Folgende Anzeichen für einen verdeckten Konflikt sollten Sie ernst nehmen und offen ansprechen[1]:

- Einzelne Teammitglieder engagieren sich nicht (mehr) in der gemeinsamen Arbeit.
- Mitglieder sind ungeduldig miteinander.
- Mitglieder gehen nicht aufeinander ein.
- Argumente werden mit großer Heftigkeit vorgetragen.
- Mitglieder kommen zu spät oder verlassen häufig den Raum.
- Mitglieder sind unzufrieden mit der bzw. dem Verantwortlichen eines Treffens oder mit der Arbeitsform.
- Es gibt ständig inhaltliche Nörgeleien, die sich an Details aufhängen.
- Zweifel am Sinn eines Treffens kommen auf.

Nützt das An- bzw. Aussprechen nichts mehr oder sind die Fronten bereits verhärtet, helfen Ihnen vielleicht folgende Regeln für ein erfolgreiches Konfliktgespräch. Am besten, Sie holen sich dazu eine Moderatorin bzw. einen Moderator: Das kann Ihre Betreuerin bzw. Ihr Betreuer sein oder eine neutrale Person. In vielen Schulen gibt es mittlerweile Peer-Mediation – das sind eigens ausgebildete Schülerinnen und Schüler, die Ihnen dabei helfen können, Ihren Konflikt im Sinne des erfolgreichen Zieles gut auszutragen. Es wäre doch schade, mitten im Arbeitsprozess die Flinte ins Korn und alles bisher Erarbeitete über den Haufen zu werfen!

[1] vgl. http://www.fbz-giessen.de/downloads/Modul%20IV%20Kommunikation_091202.pdf (dl 1.6.2010, 10:42 Uhr)

Streiten lernen – acht Regeln für erfolgreiches Streiten[1]

Ein Streit ist immer auch eine Chance, um Missverständnisse zu beseitigen! Konflikte basieren meistens nicht auf persönlicher Antipathie (sonst hätte man sich mit der Kollegin oder dem Kollegen ja nicht in einem Team zusammengefunden), sondern auf unterschiedlichen Sichtweisen: Die Streitparteien verfolgen zwar ein gemeinsames Ziel („positive Beurteilung der Arbeit"), sind sich aber uneinig über die gewählte Methode oder über den Weg, wie das gemeinsame Ziel zu erreichen ist.

Folgende Regeln helfen, aus einem Konflikt eine konstruktive Lösung zu machen, mit der – im Idealfall – alle zufriedener sind als vor dem Konflikt!

1. **Das Problem sofort ansprechen**
   Man sollte nicht zu lange abwarten, wenn ungute Gefühle sich aufstauen: Man sollte also versuchen, möglichst in der Situation oder kurz danach, wenn Gelegenheit dazu ist, das Problem anzusprechen.
2. **In der Ich-Form sprechen**
   Je mehr ich bei Konflikten von meinen Gefühlen und meinen Empfindungen spreche, umso besser lernt mich mein Gegenüber kennen und verstehen. In einer Streitsituation „Ich" anstatt „Du" zu sagen, hat noch einen weiteren Vorteil: Ich muss Farbe bekennen und mir selbst klarwerden, was ich nun eigentlich möchte. Meine Offenheit fördert zudem die Offenheit der anderen Person.
3. **Nicht unterbrechen**
   Ich lasse mein Gegenüber ausreden und höre aufmerksam zu, ohne zu unterbrechen. Dabei achte ich insbesondere auf Gefühle, Bedürfnisse, Interessen, die die bzw. der andere äußert. Ich versuche, diese Interessen, Bedürfnisse, Gefühle herauszuhören und darauf einzugehen.
4. **Das Gegenüber direkt ansprechen und dabei anschauen**
   Wenn ich etwas mitteilen oder loswerden möchte, spreche ich die betreffende Person direkt an: Also nicht zu den *beiden* anderen sprechen, wenn nur eine Person gemeint ist.
5. **Eine gemeinsame Problemsicht finden**
   Worum geht es eigentlich bei dem Streit? Wo werden von mir die Ursachen, wo werden sie von meiner Konfliktpartnerin bzw. meinem Konfliktpartner gesehen? Ist es möglich, eine gemeinsame Problemsicht zu finden? Was genau ist so ärgerlich? An welchem Punkt spießt es sich?
6. **Beim Thema bleiben**
   Ich bleibe beim Problem, für das ich eine Lösung suche. Ich lasse auch nicht zu, dass meine Konfliktpartnerin bzw. mein Konfliktpartner von einem Thema zum anderen springt.
7. **Beschuldigungen und Verletzungen vermeiden**
   Gegenseitige Vorwürfe bringen keine Klärung und Lösung des Problems, sondern verhärten die Fronten.
8. **Lösungen sammeln**
   Finden Sie gemeinsam heraus, was geschehen müsste, damit das Problem „verschwindet": Was kann die bzw. der Einzelne anbieten, um das Problem zu verkleinern oder zu lösen? Was kann gemeinsam gemacht werden, um das gemeinsam formulierte Ziel zu erreichen? Wer oder was könnte dabei hilfreich sein?

[1] vgl. http://www.dadalos-d.org/frieden/grundkurs_4/konfliktregeln.htm (dl 1.6.2010, 11:17 Uhr)

Check: Ist Teamarbeit für mich sinnvoll?

Nachdem Sie jetzt die Vor- und Nachteile des Arbeitens im Team kennen gelernt haben, können Sie nun für sich entscheiden, ob Sie Ihre Arbeit lieber allein, zu zweit oder zu dritt schreiben möchten. Wenn Sie die meisten der folgenden Fragen mit Ja beantworten können, steht einer erfolgreichen Teamarbeit nichts mehr im Wege!

- ☐ Ich bin kreativer, wenn ich im Team arbeite.
- ☐ Ich bin gewillt, den Mehraufwand, der mir dadurch entsteht, in Kauf zu nehmen.
- ☐ Ich kann mich gut durchsetzen, bin aber auch fähig, die Meinung anderer gelten zu lassen.
- ☐ Ich finde es spannend, wenn man gemeinsam auf ganz neue Ideen kommt, selbst wenn meine ursprünglichen eigenen Vorstellungen sich dadurch verändern.
- ☐ Ich kann mich mit meiner Kollegin bzw. meinem Kollegen leicht auf ein gemeinsames Interesse bzw. Themengebiet einigen.
- ☐ Ich habe mit meiner Kollegin bzw. meinem Kollegen schon gute Erfahrungen beim gemeinsamen Arbeiten gemacht.
- ☐ Ich habe nicht den Ehrgeiz, die beste Arbeit des Jahrgangs zu schreiben.
- ☐ Ich mache auch Arbeiten, auf die ich weniger große Lust habe.
- ☐ Ich habe bereits gute Erfahrungen mit Teamarbeit gemacht.

Abb. 39: Gelungene Teamarbeit!

Das Wichtigste auf einen Blick

- Teamarbeit bedeutet nicht weniger, sondern mehr Aufwand.
- Im Team zu arbeiten, hat einige Nachteile, aber vor allem viele Vorteile.
- Vor Beginn der gemeinsamen Arbeit müssen sich alle auf dieselben Ziele geeinigt haben.
- Regelmäßige Treffen und rotierende Verantwortung für das gemeinsame Tun erleichtern die Zusammenarbeit.
- Teamarbeit bedeutet nicht, alles gemeinsam zu tun: Manche Arbeitsschritte erledigt man besser getrennt.
- Eine Teamarbeit ist entsprechend umfangreicher als eine Einzelarbeit.
- Sowohl im Projektprotokoll als auch in der vorwissenschaftlichen Arbeit selbst muss klar erkennbar sein, wer wofür verantwortlich ist.
- Konflikte sind normal, sollten aber besprochen werden, bevor sie eskalieren.
- Durch eine gute Projektplanung können die meisten Konflikte im Vorfeld verhindert werden.

Textquellenverzeichnis

S. 18: Hellemans, Alexander: Fahrplan der Naturwissenschaften. München 1990; Störig, Hans-Joachim: Kleine Weltgeschichte der Wissenschaft. Frankfurt am Main 2007

S. 21: Stichweh, Rudolf: Zur Entstehung des modernen Systems wissenschaftlicher Disziplinen: Physik in Deutschland 1740–1890. Frankfurt a. M. 1984; Schurz, Gerhard: Einführung in die Wissenschaftstheorie. Darmstadt 2006

S. 23: Kopp, Johannes; Schäfers, Bernhard (Hg.): Grundbegriffe der Soziologie. Wiesbaden 2010
Poser, Hans: Wissenschaftstheorie. Stuttgart 2009
Schurz, Gerhard: Einführung in die Wissenschaftstheorie. Darmstadt 2006

S. 44: Andermann, Ulrich, u. a.: Duden: Wie verfasst man wissenschaftliche Arbeiten? Mannheim 2006

S. 70: Eco, Umberto: Wie man eine wissenschaftliche Abschlußarbeit schreibt. Doktor-, Diplom- und Magisterarbeit in den Geistes- und Sozialwissenschaften. Wien 2010

S. 109: Mehrabian, Albert; Ferris, Susan R.: „Inference of Attitudes from Nonverbal Communication in Two Channels", in: Journal of Consulting Psychology, 31 (1967) 3, S. 248–252

Online-Quellen

S. 16: http://de.wikipedia.org/wiki/Rad (dl 30. 4. 2010, 12:30 Uhr)

S. 55: http://www.studieren.at/articles/498/1/Beispiele-Fragestellungen-nach-Fragetypen/Seite1.html (dl 5. 5. 2010, 15:46 Uhr)

S. 73: http://home.ph-freiburg.de/jaegerfr/Index/glossar.htm (dl 3. 6. 2010, 12:34 Uhr)

S. 81 f.: http://www.unet.univie.ac.at/~a0401246/Uni/Quantitative_vs_Quantitative.pdf (dl 2. 5. 2010, 15:10 Uhr)

S. 124: http://www.fbz-giessen.de/downloads/Modul%20IV%20Kommunikation_091202.pdf (dl 1. 6. 2010, 10:42 Uhr)

S. 125: http://www.dadalos-d.org/frieden/grundkurs_4/konfliktregeln.htm (dl 1. 6. 2010, 11:17 Uhr)

Bildquellenverzeichnis

1, 12, 16, 19: Anna Magele, Helpfau / 2: iStockphoto.com/Zorani / 3: akg-images/Herbert Kraft / 4: Alamy/Classic Image / 5: Collection Leemage / 6: iStockphoto.com/Pictore / 7: iStockphoto.com/Steven Wynn / 8: iStockphoto.com/Alexander Raths / 10: Fotalia.com/Yahia Loukkal / 11: Kurt Fuchs Presse Foto Design / 15: iStockphoto.com/Ivanastar / 17: Picturedesk.com/Science Photo Library / 18: Corbis/Bettmann / 22: Alamy/vario images/Ulrich Baumgarten / 24: iStockphoto.com/Marek Pawluczuk / 26: iStockphoto.com/Mihail Glushkov / 27: akg-images / 32: Fotolia.com/Kai Koehler / 35a: Alamy/Photos 12 / 35b: Alamy/Photos 12 / 37: Fotolia.com/Lorraine Swanson / 39: Fotolia.com/Yuri Arcurs / Umschlagseite: Nadine Blanchard, Vienna